名师教育思想与教学艺术

启蒙教育原理与典型示范
——优秀亲子这样做

王　悦　著
火　良

王　悦　插图

中国林业出版社

图书在版编目(CIP)数据

启蒙教育原理与典型示范:优秀亲子这样做/王悦,火良著.—北京:中国林业出版社,2021.5

(名师教育思想与教学艺术)

ISBN 978-7-5219-1141-1

Ⅰ.①启… Ⅱ.①王…②火… Ⅲ.①学前儿童-家庭教育 Ⅳ.①G781

中国版本图书馆 CIP 数据核字(2021)第 079876 号

出版:中国林业出版社(100009 北京西城区刘海胡同 7 号)
E-mail:Lucky70021@sina.com 电话:010-83143520
发行:中国林业出版社
印刷:河北京平诚乾印刷有限公司
版次:2021 年 9 月第 1 版
印次:2021 年 9 月第 1 次
开本:710mm×1000mm 1/16
印张:15.75
字数:220 千字
定价:42.00 元

前　言

今天，我们养育孩子，希望从第一步开始就用正确的方法，少走弯路，简单高效！

本书旨在解决两个问题：

①"为什么会这样？"婴幼儿成长过程中出现的各种现象，是由孩子的哪些身心特点促成的，为什么会这样？本书简单介绍了儿童心理、生理发育进程的基本知识，着重强调了婴幼儿时期用各种信息刺激大脑的重要性，大脑的工作原理以及如何提高孩子的智商和情商。

②"我们应该怎么做？"和孩子在一起的时候，怎样做到高效陪伴？我们到底应该怎么做？书中介绍的育儿知识能让您有所启发，并能够举一反三学会自己计划编排亲子活动。

本书博采众长，将国内外先进的育儿理论甄别、筛选、实践后推荐给读者。将教育理论与实践相结合，深入浅出地诠释理论，给出简单、高效、易操作的教育指导建议和方法，读者一看就懂。

书中介绍了七大类一百多个简单易操作的小游戏，供您参考。通过趣味游戏引导孩子多说话、多动手动脑、多感觉外界的各种信息，达到开启大脑潜能，让孩子更优秀的目的。

作者从事学前教育工作30几年来，深深体会到家长对育儿知识的渴求。

由于家长来自各行各业、既要忙于工作又要照顾家庭，没有时间系统地学习育儿知识，往往在遇到现实问题时才会寻求解决问题的方法，对问题的成因不去深究，对具体方法比较感兴趣。因此，家长掌握的是碎片化的育儿知识，下一次遇到其他问题还是没办法解决，更不要说系统地有前瞻性地规划了。

养育孩子是一个需要精心准备的、有计划的系统工程，这其中不能有任何懈怠和疏忽，每一个过程都要精心安排，环环相接，才能养育出健康聪明、乐观向上的孩子。

寻根溯源，找到问题的源头才能高效解决问题。这一书是基于国内外先进的理论研究成果和作者30多年的一线教育教学经验逐字斟酌而成，理论部分着墨较多，希望家长花一点时间静下心来了解一些养育孩子的基本知识。当我们掌握了孩子的身心特点及其背后的原因，就有了自己的观点和判断（为什么会这样），知道用什么办法可以解决眼前的问题，以后再遇到教育的问题也会触类旁通、迎刃而解（我们应该怎么做）。

学龄前是大脑发育最快的阶段，父母尽早用心养育，可以起到事半功倍的效果。本书在介绍教育理论后，给出了实用的培养方法，大家看了以后可以马上运用到自己孩子的身上。

养育孩子，给予他最适合的教育，陪伴、引领、见证孩子的成长进步，是一件幸福的事！我们可以用简单、免费、高效的方法育儿，参见由我著、绘的《养育孩子，没那么难：王悦18年教子手记》。书中每一个事例都是我工作、生活中的亲身经历，希望读者能从中受益。

快快行动起来，在生活中教、游戏中学，开启大脑潜能，帮助孩子成为最好的自己！

2021年5月9日写于深圳

目 录

前言

第一章　大脑聪明需要培育

1　特别神奇的大脑功能 / 2

2　人脑构造 / 5

3　神经网络由外界信息刺激成型 / 8

4　神经网络增强，智力水平就高 / 10

5　大脑发达需要信息刺激 / 12

6　三岁前是智力发育关键期，需要高效陪伴 / 15

7　神经细胞里的"通讯电缆"和"猎犬" / 17

8　信息传递靠细胞电 / 19

9　大脑皮层功能分布 / 20

10　皮层功能区功能 / 23

11　大脑发育需要充足的营养和良好环境 / 25

12　婴幼儿发育水平 / 29

13　表扬可以促进大脑发达 / 33

14　分枝法锻炼大脑 / 36

15　利用镜像神经细胞锻炼大脑 / 38

16　影响聪明的几个方面 / 40

第二章　生活中教、游戏中学，提高智商、情商

17　培养开发婴幼儿智力 / 44

18　培养智力的一般能力 / 48

19　培养智力的特殊能力 / 75

20　高智商需要高情商的配合 / 84

21　情商需要培养 / 87

第三章　大脑发达需要刺激

多说话能够刺激大脑发达 / 106

22　说话能够刺激大脑 / 106

23　说话交流促进知识积累 / 108

24　说话对孩子智力的影响 / 110

25　两岁后开始多说话为时已晚 / 112

26　语言能力与生俱来 / 114

27　思维转换成语言模式 / 116

28　从说话学会说话 / 118

29　听力是说话的基础 / 120

30　说话迟缓需关注 / 122

31　语言配合动作，有利于听懂说话 / 124

32　一定多和孩子说话 / 126

33　婴幼儿能顺便学外语 / 128

34　婴幼儿说话要点 / 130

35　说话的时限标准 / 141

多玩耍能够刺激大脑发达 / 143

36　婴幼儿大多时间在玩 / 143

- 37 多玩耍能刺激大脑 / 146
- 38 婴幼儿多去室外游戏 / 148
- 39 怎样指导孩子玩游戏 / 150
- 40 玩耍游戏有多种多样 / 153
- 41 选择安全适宜的玩具 / 162
- 42 合理安排游戏内容 / 165

多感觉能够刺激大脑发达 / 167

- 43 多感觉刺激大脑聪明 / 167
- 44 感觉器官有 5 种 / 168
- 45 感觉信息进入大脑生成感觉 / 170
- 46 家长和孩子一起感觉 / 172
- 47 视觉在大脑中的生成途径 / 174
- 48 指导和教育能让感觉变成知识 / 176
- 49 多锻炼感觉感性 / 178
- 50 玩耍包含说话和感觉 / 180

第四章 实操活动及游戏

各种信息刺激 / 184

- 51 语言类活动及游戏 / 184
- 52 手指活动及游戏 / 195
- 53 肢体活动及游戏 / 205
- 54 感觉活动及游戏 / 216
- 55 模仿活动及游戏 / 227
- 56 智力活动及游戏 / 233
- 57 传统及其他游戏 / 239

参考文献

第一章
大脑聪明需要培育

1 特别神奇的大脑功能

我们的大脑能想问题、记忆事情、回忆往事，感觉器官能看东西、听声音、嗅气味、尝味道、有触感，在心理层面有感情、有喜怒哀乐等，这些都属于大脑的功能。其实，大脑的功能远不止这些，还有我们平时感觉不到的更多、更神奇的功能。所以说人是一种奇妙的生物，是万物之灵。

如记住的号码，需要使用时马上就能想出来。记住的号码是临时记忆，一段时间不用就会忘记。而读书时背过的诗词文字和计算公式等，却能记一辈子，是长期记忆。

大脑所具备的能力，特别高超奇妙。人类创造出日新月异的现代化社会、不断进步的物质生活和精神生活。这些全归功于人的创造，具体说是归功于人的大脑功能。

人类神奇的大脑功能，源于遗传基因和外界信息的刺激。大脑不断进化到今天这个样子，就是为人类生存这个专一的目的服务的。外界各种信息不断刺激大脑，使神经网络增多增强，尤其有针对性地进行培养、教育，更能促使大脑不断发达。

婴儿出生时大脑发育不完善，还不能用双眼准确聚焦看东西，对外部感觉如声音、触觉、味觉、嗅觉和身体内部感觉的整合尚未完成，这个时候无法形成人类的自我意识，接着大脑的发育进程便开始了。我们要抓住这个大脑发育的关键期，及早对孩子大脑进行不断的、适宜的信息刺激，大脑就会更发达。

科学家们一直在探索神奇的大脑,虽然不断有新的发现。但对大脑的神奇功能,仍有太多的谜团没有解开。

大脑是人体的一个重要器官,是人体活动、行为的调控司令部。大脑是一个有思维功能的带微电的器官,还是一个腺体,产生能影响整个身体状态和自身情绪的荷尔蒙,荷尔蒙及思维继而又受到源于知觉深层的情感的支配。

大脑的运算功能,内置于大脑运行机制中,运算法则至今尚不清楚。其功能特别神奇,外界的视觉、听觉、嗅觉、味觉、触觉等各方面信息一瞬间输入大脑,都能及时处理,相当于电脑输入几百万个字节的工作量,大脑不费吹灰之力,就能对信息的基本特征做出处理。并把想保存的输入海马体,需要长期存储的归档放入大脑皮层中。大脑皮层中存储的信息可记一生。其中大多数信息稍加思索即可调出应用。

首先了解感官方面的功能。因为感官是外界信息进入大脑的通道。

对于感官输入的信息,如视觉方面,大脑第一处理步骤是拆分。把肉眼所见的事物拆分为颜色、运动、空间及形状,再组装成大脑可感知的神经信号。大脑的工作语言表现为电讯号,无论视觉、嗅觉还是触觉,都先转化为代码,即一系列特定通道内的电脉冲。对这些脉冲的处理是在潜意识下进行的,我们大脑意识到的只是最终结果。

通常说的大脑功能,也是智力、智慧,是一种心理素质。一般正常人都有智力,只是不同人、不同年龄的智力水平有高低不同。特别强调的是婴幼儿时期进行的早期培育和之后受教育程度,与智力发展呈正相关,且个体差异较大。

智力一般分综合能力和特殊能力。综合能力主要表现有:观察能力、记忆能力、思维能力、想象能力、判断能力、操作能力等。特殊能力如:音乐能力、绘画能力、运动能力、创造能力、社交能力、组织能力等。智力水平因人而异，表现出的个体差异比较明显。

智力高低一般用智力商数（智商）衡量。除智力外，还有情绪智力，即非智力心理素质或非智力因素。主要包括：自信心、耐力、独立性、意志力等。非智力因素的高低用情商来表示。

智力和非智力因素，都是人脑神奇功能的现实表现。人能够使用语言，会说话，其他动物却不会像人类一样说话，说话也是人类大脑功能的一种神奇表现。人脑功能，源于人脑的神经网络。正常人大脑有约140亿~150亿个细胞（神经元）。每一个神经元分支出数千个突触，突触是神经元之间在功能上发生联系的部位，也是信息传递的关键部位。这些突触小体可以与多个神经元的细胞体或树突相接触，形成很多神经网络，而且整个神经网络系统布线连接准确完美、丝毫不差。

2 | 人脑构造

大脑,是中枢神经系统最主要的部分,正中有一道纵沟,分左右两个半球,分别位于颅腔左右两侧。半球表面有很多皱襞。大脑表层稍带灰色,内部白色。大脑结构分布见图1。

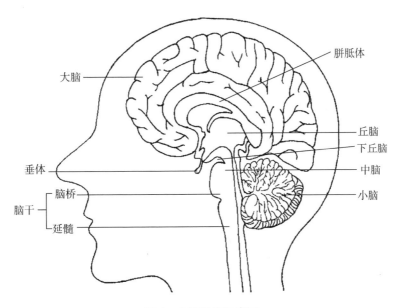

图 1 人脑结构示意图

胼胝,大脑两半球之间,由称为胼胝体的神经纤维连接,两半球信息相通。实际上各半球都有独立思维、记忆、感觉等功能。

大脑皮层,大脑两个半球表面的表层部分叫大脑皮层,由神经细胞组成。上面有很多皱襞，布满沟凹和回凸，由神经细胞（神经元）组成，是神经细胞集中的地方。大脑皮层上密密麻麻分布有 140 多亿个神经细胞，这些细胞周围还有数量众多（几十倍于神经元）的胶质细胞。摊开沟回面积约有 2200 平方厘米。

大脑皮层是人记忆、分析、思维、判断等活动的高级神经系统中枢。是保证人体内各部分统一协调，并适应周围环境的主要机构。

丘脑，是间脑的一部分，椭圆形，左右各一个。直接与大脑皮层相连，除嗅觉外，人体各部分所感受到的冲动都经过丘脑传递给大脑皮层。

脑桥，是后脑一部分，与小脑相连。上接中脑，下接延髓。脑桥和延髓能将感觉器官的感觉传导给大脑皮层，并把大脑皮层的兴奋传导到脊髓以外的其他部分。

小脑，是后脑的一部分，在大脑的后下方。在脑桥和延髓的背面，即头的后枕颈部。小脑对人体的运动起协调作用，维持身体平衡，是协调大脑支配全身肌肉活动的主要器官。一旦小脑受破坏，运动就会失去正常的灵活性和准确性。

延髓，是后脑的一部分，上接脑桥，下连脊髓。舌咽神经、迷走神经、舌下神经等都由延髓发出。延髓中有呼吸、循环等中枢，主管呼吸、血液循环、唾液分泌等。

垂体，也叫脑下垂体。是内分泌腺之一，在脑底部。体积很小，能产生多种激素，调节人体生长、发育和其他内分泌腺的活动。

额叶眼窝皮层，是额叶前区一部分，在眼窝上边，是生成感性的地方。

脑膜，是脑表面的结缔组织，有 3 层，最外层是硬脑膜，中间是蛛网膜，里层是软脑膜。脑膜和脊膜相连，中间有脑脊液。脑膜有保护脑的作用。

脑脊液，是无色透明的液体，充满于脑室、脊髓中央管和蛛网膜下腔中，并在这些地方循环活动，有保护中枢神经系统和运走中枢神经系统代谢产物的作用。

脑干，包括脑桥和延髓。

头骨，是构成头颅的骨头。包括额骨、顶骨、颞骨、枕骨、蝶骨等。

杏仁体，是大脑皮层深部（位于头部侧面太阳穴深处）的一个小区域，这小小的大脑结构体叫作杏仁体。是激动情绪记忆的储存地，是体验恐惧和识别其他感情的部位，人对惊心动魄事件的深刻记忆，主要是杏仁体的作用。

杏仁体是多种感情的主要协调评价中心，可对感性进行评价。在大脑皮层内，是与大脑双向联系的高级中枢。杏仁体还与下丘脑相连，也是控制人体许多生理状态的中心。

海马体，位于大脑丘脑和内侧颞叶之间，属于边缘系统的一部分，对记忆起决定作用。担当着关于短期记忆、长期记忆转换，以及空间定位的作用。

学习即在记忆中添加新内容，靠的是短期记忆。海马体主要负责学习和记忆，日常生活中的短期记忆都储存在海马体中。但如果一个记忆片段，在短时间内重复出现的话，海马体就会将其转存入大脑皮层，成为永久记忆。

3 | 神经网络由外界信息刺激成型

新生儿大脑的所有神经细胞都已产生、分化好,并迁移到大脑适当的部位,用来构建神经网络。

大脑在一出生时就具备一套精妙而独特的规则,决定如何接受知识,并由后天不同感受而定型。出生以后,外部环境中的各种信息都需要大脑进行相应的处理,例如,影像、声音、气味、触摸以及最重要的语言和视觉信息等流入大脑,神经细胞之间需要进行大量的突触连接,这就刺激了大脑神经网络的快速发育,逐渐形成越来越复杂的神经细胞网络,促使大脑神经网络成型。

基因建立网络,而后由信息刺激成型。美国韦恩州立大学儿童神经学家诸佳尼认为:婴儿出生前,大脑建立的神经网络总体布局,主要是靠基因的指导。神经细胞形成后,访问周围特定细胞,等待进一步指令。

人生早期阶段大脑获取的外界环境信息决定哪些突触存在,哪些消亡。经常使用、常常被激活的突触维持生存,不常用的渐渐凋亡。

华盛顿大学西雅图分校的神经科学家库尔博士认为,人在生命早期神经的联系网就已建立。实际上婴儿的大脑只是等待各种信息刺激,来确定建立什么样的联系。

孩子长到2~3岁左右,神经元突触数目达到峰值。以后,随着年龄的增长,神经元突触数目开始减少。

人类生命最初几年的经历，决定人是否聪明、有创造力。可见婴幼儿时期经历的外界信息刺激是多么重要。比如和婴儿说话这件事，对婴儿大脑发育有着深刻影响，其影响程度令人吃惊。事实上，一个婴儿每天听到的话语数量，特别是与父母有积极互动的，对日后的智力水平、学习成绩及社会工作能力，都会产生及其重要的影响。如果出生后形成的神经网络多、精密，那么他就会比一般人更加聪明。

婴儿出生第一年大脑已得到迅猛发育，并具备自我组织能力。婴儿在这期间的各种信息感受，会成为以后发展状况的先决条件。在未来发展中，优异的神经细胞网络让人能够进行抽象思维，建立新思想，解决新问题，使人变得更聪明、更有创造力、更适应社会生活。

4 | 神经网络增强，智力水平就高

信息传递是由神经细胞完成的。在神经细胞突触的前端有突触小泡，能产生出传递物质。神经细胞接收到感觉信息刺激后，突触上产生突触电位势，从而传递神经信息。神经细胞受到刺激被激发，细胞轴突前端的突触会增强。

神经信息经由突触一次次地传递，大脑随之不断工作。为了交换、处理好大量的各种信息，突触持续增强，促使整个神经网络搭建紧密，从而使得大脑更加发达，智力也就会更高。

给予更多的不同类型的感觉刺激，大脑的神经网络就会增多，大脑相关区域神经细胞（神经元）的突触增加。大脑需要对接收到的所有种类的感觉信息，如视觉、听觉、触觉、味觉、嗅觉进行处理，发出指令控制手、脚等做出肢体反应。这些感觉刺激对早期大脑神经细胞的发育与功能性连接非常重要。

早期敷设复杂的突触网络，是综合智力的生物基础。神经网络相互交织得越复杂，孩子的大脑就越发达，表现更为聪明，他们对外界信息刺激的筛选、归档、调用的回旋余力更大。

外界信息的刺激，会使大脑的神经网络增多，神经网络突触增强。外界信息刺激有不同种类。其中，感觉就有五种，还有肢体运动等信息。应该对大脑的每个部位都进行相应的信息刺激，使大脑所有神经网络都能增多、增

强，促进大脑全面发展。

大脑的神经网络形成后，如果不经常使用，尤其不长时间、多频次使用，会出现不久后就自动消除的情况。所以，要经常反复锻炼，不能认为一次大量使用就可以了。经常、连续、长时间地使用，是锻炼强化神经网络使其正常运行的秘诀。

发达的大脑神经网络，是从基础开始不断积累的。充分利用室内外的环境、物品，对孩子进行多种感官参与的、大量的各种信息刺激。具体操作方式：利用和妈妈在一起活动、游戏、劳动等生活环节，随时进行。

如视觉、听觉、嗅觉、味觉、触觉的各种刺激。可以引导孩子识别颜色、读彩色绘本，动手帮妈妈晾晒衣物、洗碗、穿脱衣裤鞋子等。郊外游玩时观看小鸟、动物，听小动物的叫声，看天空、云彩、下雨、下雪、刮风，看树木、树叶、花草、昆虫等，感知四季变化……这些信息刺激，都能锻炼增强大脑神经网络。

爸爸妈妈和家人要有意识、有计划、有目的地引导婴幼儿，通过游戏等形式，根据婴幼儿的不同发展阶段，适时、适当地进行感官刺激。小孩子自己不可能有什么计划、目的，所以家长要有计划地带领、指导孩子进行探索和感知，这是锻炼增强孩子大脑神经网络的非常重要的步骤。

5 | 大脑发达需要信息刺激

对婴幼儿大脑,要适时适当地进行良性信息刺激,促使大脑发达。现在已经知道,大脑在出生时就具备了一套基因规则,决定着如何接受知识,并由后天不同感受(即刺激)而定型。生命早期,神经的联系网络就已经敷设,婴儿的大脑只是等待各种感官刺激,来确定建立什么样的联系。

像人类大脑这样复杂的结构,是基因和后天感受共同作用的结果,就是说大脑的发展、发达离不开后天的信息刺激。

三岁前,孩子活动能力有限,还不具备自主系统学习的能力,必须通过来自周围生活环境的信息刺激来培育大脑,增加对外界的感觉、认知,提高思考、判断的能力。

从外界接受的感觉信息,输入大脑,在大脑中生成感觉和感性,以此为源,再向外传出指挥身体行动的指令。

如果不给予感觉信息刺激,大脑也就不能生成感觉和感性,也不会有相应的行动。从而得知,婴幼儿大脑的发展发达必须有外界刺激。培育发达的大脑应从出生时立即开始,3岁前是大脑功能发展的关键期,必须及早向大脑输入大量的信息刺激。

人大脑的各部位有自己独特的作用。大脑的每一部分与人体的每个场所都相关联,并处理其活动。由于活动场所不同,神经网络的发育时期也不相同,所以,要分别在适当时期给予适当刺激。

大脑主持和控制着人体的每个器官，如果有人问你："身体怎么样？"回答："挺好的，没什么不适。"这就说明大脑对人自身的每一部分都了如指掌，知道身体各部分的细微变化，大脑全天候都在工作。

大脑发育需要信息刺激，怎么理解这些刺激呢？

刺激，指现实的物体和现象作用于感觉器官，引起生物体反应的过程，如声、光、电、冷热等。神经与肌肉细胞对刺激敏感，反应显著，微小能量变化的刺激，就能导致它们从静息状态迅速转入兴奋状态。

刺激大脑的信息，是指一切种类的信息，主要是感觉信息。即是从外界看到的、听到的、嗅到的、尝到的、触到的各种事物的信息；说话、玩耍等获得的信息；还有来自身体内部的信息，在感觉器官变成电讯号，输入到大脑内的各个感觉区，引起和推动大脑神经网络产生作用，增加网络数量和强度，使婴幼儿大脑发育发达。

在强刺激环境（如父母吵架等）或父母不闻不问的沉闷环境下，婴幼儿大脑发育一般仍在进行。孩子也都能独立学会坐、爬、走、语言等，并和周围人交往。但是，诸如感知、概念形成、理解联想、判断等能力很难进一步提升。而在现今纷繁复杂、日新月异、技术要求高的社会里，能游刃有余地去工作、去生活，大脑仅仅是一般发育，显然是不够的。所以，对3岁前婴幼儿一定要积极及早培育。

给予更多适时适当信息刺激的孩子，其智商、情商都有较大的提升，超过一般和较少刺激的孩子。主要做法是在孩子发育关键期，适时地给予更多各种的信息刺激。

研究表明：母亲的抚摸对孩子大脑发育的影响显著。假如幼鼠从出生到20天内得不到母亲的舔舐，在这关键阶段没得到必要的舔舐、抚触刺激，它们就不能正常发育。人类母亲对婴幼儿的摇动、抚摸、搂抱还有轻柔的语言，能使孩子体会到妈妈对自己的亲近。从出生到6个月，是婴幼儿大脑中铸就母婴关系的时期。这些刺激对孩子行为、情感的神经机制起调节作用。

给予更多的信息刺激，婴幼儿大脑才能够发展发达。

20世纪60年代，胡贝尔和韦索尔两位博士发现，猫在幼年视觉发育关键期，如果视力与大脑没有沟通，就是视觉信息没有刺激大脑的视觉区，猫的视力就得不到正常发育。如果在出生后就一直把眼睛蒙上一只，那么被遮住的那只眼睛搜取不到外界视觉信息，与大脑视觉控制区不能取得正常联系。一旦这个仅维持几个星期的发育关键期过去了，那么曾经被遮住过的眼睛就再也看不见东西了，尽管外表上和正常眼睛一样，可是大脑中相关视觉区的神经网络没有受到刺激，没有得到锻炼发展，就变得衰弱了。

6 | 三岁前是智力发育关键期，需要高效陪伴

人从出生到长大成人，是一个连续生长发育的过程。人脑结构和大脑神经功能，在发育过程中都有一个决定性的关键时期，在这个时期发育特别快，并为以后的功能活动打下基础。

在发育关键期（也叫黄金期或敏感期）内，人脑结构的发育受营养状况的影响较大。营养不良可能会导致大脑结构发育缺陷、发育不全。而大脑神经功能的发展，受外界信息刺激的影响较大，各种信息的大量刺激能使大脑发育又快又好。如果缺乏外界信息刺激，大脑功能就发育不好，甚至不发展。

关键期以后，不等于就不发展了，只是比关键期发展得慢一些，发展贯穿于人的一生。如听懂大人说话、学会说话的关键期在 2 岁之前，过了 2 岁，学说话就不如 2 岁前那么容易了。

大脑结构发育最快期是胎儿期到出生后一岁半之间。如果这个时期营养不良，大脑就发育不好，尤其是在妈妈妊娠早期有充足的营养更重要。大脑结构发育不好，出生后就会影响孩子的智力。

美国马里兰州国家健康研究所艾尔康博士认为：孩子的信心感和自身价值，是在人生的头两年学到的，如果父母对孩子不管不问，也就没有来自父母方面良好的信息刺激，孩子注定要产生孤独感。

美国华盛顿大学心理学家道森博士认为：婴幼儿在 8~18 个月有一个情感

发育的关键阶段，这时孩子情感处于调整期，依赖感也是这个时期产生的。

20世纪50年代美国心理学家哈利·哈洛做了一系列心理学实验。这就是著名的"恒河猴实验"，也叫"母爱剥夺实验"。让刚出生几个小时的猴子就离开母猴，小猴子在没有母爱的环境里成长。后来，这些小猴子养成怪癖，常常眼睛直直地盯着长时间坐着，而它们一入群体就表现出情绪紊乱。研究显示，缺少紧密的和充满爱意的关系，会影响孩子的身体发育，甚至生存。在早期发育中缺乏母爱，错过了情感发育关键期，会造成严重的后果。

另一个实例：印度曾发现一个狼孩，狼妈妈养育了这个孩子。当她回到人类时，已经7、8岁了，尽管人们花费大量的精力不断地训练培养她，但到她17岁时，智能水平只相当于5岁小孩，因为她回到人类生活时，已过了智力发育的关键期。

3岁前是智能（大脑神经功能）发育的关键期，也是父母培育孩子的重要时期，一定要充分利用这个发育又快又好的黄金时期。家长要足够重视，用心培育，积极施策。提供丰富的感觉信息刺激，孩子的大脑才能认知外界事物，储存知识，掌握和提高观察、思维、记忆、分析、判断、模仿、认知、想象、发现、执行等各种能力。

首先要明确孩子发育关键期的重要性，而且有时限性，过了关键期，培育效果不佳，后悔也晚了。

其次要适时适量科学地进行培育。采取适宜方法，如多说话、多玩游戏、多感觉等。指导并参与到孩子的活动中来，尽量多时间地高效陪伴孩子。

7 | 神经细胞里的"通讯电缆"和"猎犬"

人的大脑大约由 140 亿~150 亿个神经细胞组成,还有大约一万亿个支持细胞,对神经细胞起保护和营养作用。

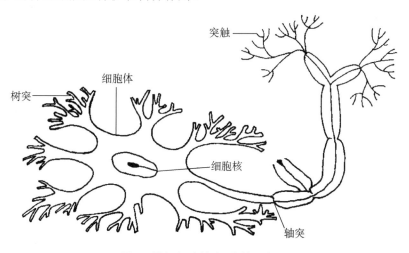

图 2 神经细胞轴突、突触示意图

从每一个神经细胞均伸出灵敏的"通讯电缆",这就是轴突。轴突就像巨大的树冠一样,不断地劈叉、分枝、再劈叉。一个神经细胞有几千个突触与其他的神经细胞相连。突触,在轴突顶端,被称为生长锥(又叫猎犬),突触顶端有突触小泡,可释放传达物质。

受到感觉信息刺激时,神经细胞的突触产生动作电位,一个神经细胞的信号跳跃扩散到另一个神经细胞,以此来传递一种思维或一种情绪,从而传递神经信息。

颅腔内的全部突触连接起来,要比划过夜空的星星还要多。研究大脑发育的神经学家,一直在探索惊人的神经通路最初是怎样形成的,努力确定轴突导向作用的各种信号。未成熟的神经细胞的轴突,在信号的招引下,试探地穿行于发育阶段的大脑之中,最终抵达适当的目的地。一旦轴突的末端找到了正确的栖息地,就开始与周围神经细胞建立尽可能广泛的突触联系,以便传导信息。只有当神经细胞的轴突固定下来,大脑才能开始对周围的世界进行登记,去看、去想、去感受、去了解大脑本身等等。

突触在使用过程中,大脑神经网络也得到不断地完善。当外界信号通过各种感官输入大脑时,神经细胞之间的突触联系就会变得更强、更精细。

8 | 信息传递靠细胞电

人体是能自生电的带电体,大脑也是带电的一个器官,细胞是人体结构和功能的最基本单位。人的每一项生命活动都会产生生物电现象,细胞就是人体内的发电机。

大家都知道在做身体医学检查时,有做脑电图(大脑细胞活动产生脑电波)、心电图(心脏跳动产生电波)、胃肠蠕动产生胃肠电、肌肉活动诱发肌电等,利用这些生物电,用医疗仪器测出的脑电图、心电图等,能够帮助检查诊断人体器官内的状况,找出异常、诊断病因。

生物电产生的电流微乎其微,大脑输出的电压只有 $0.00002 \sim 0.0001$ 伏。心跳在人体表面产生的电压为 $0.001 \sim 0.002$ 伏。现代生理学研究发现,人体所有脏器都会产生生物电现象,并以电的形式,通过相应的神经纤维把兴奋传到大脑中枢。大脑中枢产生的生物电,以动作电位的方式,把神经冲动通过相应的传出纤维传达到感应器,从而产生器官或组织的功能活动,即大脑处理。

外部的感觉信息,在感觉器官会变成电讯号输入大脑,进行各种信息传递。传递信息的是神经细胞,在神经细胞轴突端部有突触,突触的前端有突触小泡,突触小泡产生出传递物质,在其突触上产生动作电位(突触电位),进行神经信息传递。神经信息经由突触一次次传递,即是"大脑作用"。

9 | 大脑皮层功能分布

大脑皮层,是大脑最重要的部分,是人的高级神经中枢,是智力的发源地。

大脑皮层里布满了神经细胞,主要包括神经元和神经胶质细胞。神经细胞按照不同功能,分别留驻在大脑皮层不同区域,形成大脑皮层的不同功能区。

如视觉功能区、听觉功能区、嗅觉功能区、味觉功能区、触觉功能区、皮肤感觉功能区、运动功能区、语言功能区、自控功能区、各联合功能区等。

在大脑的发育期,神经细胞具有极其灵活的适应能力和可塑性。根据神经细胞相对的随意而广泛的分布特性,可认为神经细胞不是严格按照基因中父辈的指令驻留。在大脑发育过程中,从一个母细胞分裂出来的完全相同的神经元只因漫游到了截然不同的皮层区域,它们留驻定居后,就从事不同的"职业",有了不同的功能。

大脑皮层不是按照基因蓝图模式固定下来一成不变,而是对环境具有极其灵活的适应性。如一个神经细胞,在大脑视觉区留驻成为视觉神经细胞,并不是基因如此规定的,而是因为该细胞接受了附近的视觉神经细胞发出的信号招引。假如该细胞当时留驻在大脑听觉区域,它可能就发展成了听觉神经细胞。

大脑不同部位的神经细胞轴突,迎接迁移来的神经细胞,并给它们分配确切的任务,传递不同的信息。

大脑皮层中不同功能的神经细胞,分布在大脑各个部位各司其职。大脑皮层的不同区域有不同的功能。主要有感觉区、运动区和联合区。为了方便研究大脑,在 100 多年前,德国解剖学家科比尼安·布罗德曼根据皮层细胞的类型以及纤维的疏密把大脑划分为 52 个区,绘制出人大脑皮层地图,即"布罗德曼的细胞构造地图(图 3)"。现在研究人员通过磁共振成像(MRI)技术研究地图上的编号区域,探明各区域有各自功能。世界上许多研究大脑科学的工作者,多利用该地图分法。

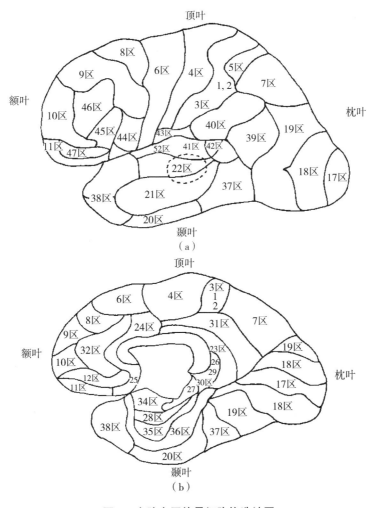

图 3 大脑布罗德曼细胞构造地图

(a)大脑半球外侧面的布罗德曼分区 (b)大脑半球内侧面的布罗德曼分区

大脑皮层功能区的具体分布法，是用一条线绳，在头上面将两耳连起，在线绳正下方脑上有一条沟，叫中心沟。由中心沟往前部分是额叶（前头叶），往后是顶叶（头顶叶），再往后是枕叶（后头叶），两侧是颞叶（侧头叶）。

额叶的前半部分，是额叶前区。额叶的前半部分，额头稍后部分有额叶前头极（前头极），是更高级的功能区域。

通过大脑皮层分布图，可直观了解一些区域的功能，便于通过相应的外界刺激促进该大脑皮层的发展，增强其功能，从而提升智力。

10 | 皮层功能区功能

大脑皮层功能区的功能各有不同，对各功能区应给予大量信息刺激，不断锻炼，才能够促进大脑发育，使大脑更发达。

额叶前半部分，是额叶前区，是大脑功能最高级的区域，是思考、判断、行动时的指挥所。这个区域，人和黑猩猩、猕猴等都比较发达。

但额叶稍后的额叶前头极，是更高级功能区。额叶前头极只有人类才有，在思考、判断、创造、计划、行动时，都是前头极在作用。

2岁孩子的行动，大部分是额叶前区在作用，难度较大的运动或行动，则需要前头极作用。锻炼额叶前区，特别是锻炼额叶前头极，能够使大脑更发达。

中心沟后侧的枕叶有视觉区等，主要负责视觉信息的处理。

感觉信息传入额叶眼窝皮层与杏仁体，产生美丽、甜、苦等感觉、情感，即产生感觉的感性。各皮层功能区的功能还有：语言区、味觉区、听觉区、皮肤感觉区、运动区、嗅觉皮层等。

大量信息适当地、持续地刺激额叶前区，特别是额叶前头极，能够促进该部分大脑神经网络增多增强，让孩子更聪明。

·锻炼额叶前区,特别是额叶前头极的方法

①分枝法。行动中，甲事、乙事分别进行，额叶前区要分别作用。做甲事的过程中顺便兼做乙事，则是额叶前头极作用。额叶前头极在额叶前区中

负责做更高级、更复杂的事。额叶前头极受到锻炼，大脑也会更发达。

所以，我们在给孩子布置任务时，尽量让孩子在完成一件主要事情的同时再完成一个附加的小事。

②镜像细胞系统，是在学习、模仿中最常用到的方法。采用镜像细胞系统感受、学习新事物时，运动前区和额叶前区参与作用。在猴子、人类的大脑中，都存在镜像神经元。不论是自己做出动作，还是看到别人做动作，镜像神经元都会被激活，模仿看到的东西，会有感同身受的体验。

如记忆动作时，镜像细胞系统通过：看——理解——模仿的方法理解记忆，需要大脑的运动区、运动前区、顶叶联合区共同作用。同时，把记忆保存在额叶前区。

③表奖法，能够激发孩子的学习兴趣。采用表奖法时，要额叶前区、额叶眼窝皮层、海马体参与作用。

感觉的一切信息，输送到额叶前区，神经细胞以此为源行动起来，需要大脑的大部分功能区作用。

视觉、听觉、触觉、嗅觉、味觉等感觉区的神经网络，到1岁时几乎形成了。所以，从孩子出生开始，就要多与孩子说话、多引导孩子玩耍、让孩子多感觉，这些信息会不断地刺激大脑各相关功能区作用，促进大脑发达。

11 | 大脑发育需要充足的营养和良好环境

孩子能正常生长发育，必须有充足的营养。要合理安排饮食，膳食营养均衡，多吃绿色无污染的食品，少吃零食小吃，不吃添加剂多的不安全食品。

（1）大脑发育需要充足的营养

婴幼儿生长发育需要足够的营养，大脑发育更要营养充足。

妈妈在怀孕期间，要做好孕期保健，保障营养均衡充足。孩子需要的营养包括两方面，一是能量，二是营养素。

所需能量：孩子处在不断生长发育中，按体重计算所需能量比成年人更多。1岁以内婴儿每天每千克体重需要能量100千卡~110千卡。随着年龄增长，能量需要逐渐减少，一般每增加3岁，每天每千克体重所需能量减少

10千卡。成年人每天每千克体重需要能量40千卡~50千卡。

所需营养素：人体必需的营养素有蛋白质、脂类、碳水化合物，以及维生素、矿物质和水。

(2)蛋白质——构成人体的重要物质

孩子不断生长发育，所需要的蛋白质比成人多。牛奶喂养孩子的需奶量要比母乳喂养的需奶量稍多。如以植物蛋白（如豆类）喂养，需要的量则更多。

(3)脂肪——存储能量

乳类、蛋类、肉、鱼和植物油是脂肪的主要来源。人乳中含较多必需脂肪酸，母乳是最适合婴儿的天然食物。脂肪能够促进脂溶性维生素A、D、E、K等物质的吸收。

(4)碳水化合物——主要提供能量

婴儿食谱中如果含碳水化合物太多，起初体重可迅速增长，但孩子肌肉松弛，易虚胖。所以，碳水化合物只能占饮食总量的一半左右。米、面等主食中含有较多的碳水化合物。

(5)水——人体不可缺少的物质

孩子新陈代谢率比成人高，需水量比成人多。牛奶喂养比母乳喂养的孩子需要更多喝水。

(6)矿物质——人体需要多种元素

在组成和参与人体生命活动的元素中，已确定有25种是必不可少的元素，其中11种是常量元素：碳、氧、氢、氮、钙、镁、钾、钠、磷、硫、氯，其他14种微量元素：铁、铜、碘、锌、锰、钼、钴、铬、锡、钒、硅、镍、氟、硒。其中钙和铁最易缺乏，缺钙易患骨质疏松，缺铁易引起贫血，缺钾使食欲不振，导致生长发育慢等。

(7) 维生素——对调节机体各项数据指标、生理活动有重大作用

已知维持人生命的"要素"主要有十种。其中部分维生素在身体内不能合成或合成不够，需要食物供给。最易缺乏的是维生素 D。

从食品中摄取营养成分，大致分三类：

①一般营养成分，如水、蛋白质、脂肪、碳水化合物等。这是食品营养的主体。

②矿物质，如钙、磷、铁、钠、氧、碘、钾、锌等，需要种类多、量很少，但功能很重要。

③维生素，如维生素 A、维生素 D、维生素 E、维生素 B_1 和 B_2、维生素 C 等，在食品中含量不多，人体需要量也不大，但作用和功能极大。

(8) 大脑发育需要良好的环境

在大脑生长发育时，要给孩子营造良好的生活环境。

①大脑需充足氧气和清新空气

多带孩子去室外、公园、郊外等空气清新，氧气充足的地方玩。室内常开窗保持空气流通。为了家人的健康，一定不能在家里吸烟。

②大脑需要安静、和谐

家庭气氛和睦，不能吵架，更不能打架。和孩子说话交流要和蔼、亲切。家里不要有高的声响，周围不能有噪音，要安静。

③大脑需要愉悦气氛

家庭是充满爱的避风港，妈妈爸爸对孩子说话轻声细语，常微笑，孩子也会受感染，心情愉悦，感受到家庭的温暖，玩耍学习就会有更多收获。

④大脑需要水分

日常生活中要多喝水。除了喝白开水外，还可以变换着喝有益的果蔬汁，不喝添加剂多的饮料。

⑤大脑喜欢彩色

家具、玩具、生活用品,采用柔和、不刺激的颜色,多给孩子看彩色的绘本、插图等。

⑥大脑需要空间、阳光

孩子的居室要尽量大一些、宽敞一些,有阳光、光线适合,孩子玩耍、学习要在大的房间里进行。

⑦大脑需要能量、营养

孩子正处在快速生长发育的时期,应多吃一些高能量、有营养的食物,添加辅食时遵循食物多样性的原则。

⑧大脑喜欢思考、提问题

孩子喜欢问:这是什么?为什么?父母也可提出符合孩子生活经验的简单问题,让孩子回答。这样一问一答,有利于孩子动脑思考、判断,积极寻找问题的答案。

⑨大脑需要休息

看到孩子累时,需要让孩子休息一阵子,大人安排的活动、游戏,要有休息时间,做到动、静交替,便于孩子有更多精力玩耍、学习。

⑩大脑需要重复,以便加深记忆

孩子活动、学习的内容可反复进行,加深记忆,巩固所学的知识。

⑪大脑需要香味

常带孩子去花园感受淡淡的花香、草香,呼吸清新的空气,大脑有清醒感。尽量避开周围污浊的空气和室内烹调的油烟味。

⑫大脑需要归纳

在说话、玩耍、感觉等的时候,提示孩子将学会、理解、记忆的知识和活动技能归纳总结一下,从而提高记忆、明确收获,又能把新的知识连贯起来,积累更多知识。

12 | 婴幼儿发育水平

婴幼儿的体重、身高、生理功能等的变化都能说明生长发育是否正常。身体生长发育受遗传基因、营养状况的影响，也受环境刺激的影响。

孩子年龄越小体重增加越快。到 1 岁时，重量可为出生时的三倍，一般约 9000 克。2 岁后到学龄时，每年平均增加不超过 2000 克。

下面是一个估算孩子（只适于儿童）体重的公式。

公式：1~10 岁时体重（克）=（年龄×2000）+8000（克）。

这样估算体重，是大致的平均数，实际上同年龄孩子体重差别会很大。体重和身高也有关系，高个子的孩子体重会重些。

那么，孩子的身高如何估算，一般认为人长大时的身高是 2 岁孩子的 2 倍。如孩子 2 岁身高为 84 厘米，那么长大时约为 84（厘米）×2 = 168（厘米）。孩子身高和地域有关，寒冷地区比湿热地区会高些；和民族也有关系，一般明显的是和父母的身高正相关（即与遗传有关系）。

孩子的身高和体重等身体生长发育状况，能说明生长环境和营养是否得到满足。一般只要满足生长发育需要，孩子生长正常就可以。营养缺乏不行，营养过剩也不好，应该科学、平衡地提供营养。

孩子生长发育正常，大脑的结构与功能发育一般也正常。

可以从两方面看出婴幼儿大脑生长发育的状况，一是结构正常，二是功能良好。婴幼儿营养有保障，脑的生理结构一般都能正常发育。如人头颅骨髅的周径大小，反映了人脑的发育情况。

年龄越小，脑发育越快。婴儿出生时，头围约为33~34厘米，到一周岁平均增长12厘米，到两岁时头围大都长到47厘米以上。

婴儿出生时，大脑重量约为360~400克，6个月时长到660~700克，到一岁时大脑重量约为900克，到三岁时约为1080~1100克。而成年男人一般大脑重量约为1380~1500克，成年女人大脑约重1250~1400克。婴幼儿生长环境正常时，大脑的神经功能一般也能正常。

神经系统发育成熟有一定的先后顺序，孩子会做的动作，是先粗大后精细。先头后脚，先四肢各做各的，后各部分之间、眼与手之间，才能相互协调。婴儿学会了抬头、翻身、坐、爬、握物等简单动作，说明神经系统的发育达到了一定成熟程度。婴幼儿动作发展的顺序，通常会有一个大致的时间表。

孩子会做一些动作，并不完全是天生的，先做的动作会影响后边的动作。妈妈爸爸的积极引导，会促使孩子学会的动作增多。肌肉、关节动作本身的神经刺激传入大脑，也会促进大脑发育。

婴幼儿从出生到3岁时感觉和肢体的平均表现可参见表1。因为个体差异，不同孩子的发展进度也不同，仅供参考。

表1 婴幼儿感觉、肢体运动发展平均表现

0~2月	会微笑。对合视线，眼可追视。听到各种声音亦有反应。 俯卧可撑胸部，抬头。头能左右转动。 握住妈妈小手指。五手指握紧练习。可握住不同材料形状物。吸吮自己的手指，愿意照镜子。 饿或不舒服时会哭，喂奶时高兴。 认识妈妈的脸。
2~4月 （三翻）	玩弄自己的双手、脚趾，玩弄物体，将东西放入口中。 眼睛可追视、左右看、上下看。 对声音旋律有反应。 会伸手抓握玩具，仰卧两腿踢。

续表

2~4月 (三翻)	认识妈妈和区分别人。 妈妈总说开灯,再说时会用眼睛看灯。 自己两手相搓。 妈妈用手遮住脸,玩"藏猫猫"游戏时,叫孩子小名可被逗笑。 开始试着翻身。
4~6月 (五坐)	用手指做捏、松手的动作。投物。 能坐一会儿。 玩具球转动时,眼睛能追看。 能握手,用两手抓住玩具。 吸吮自己脚趾。 会咿呀出声,张开手臂让人抱,可坐在妈妈膝盖上。 舔、咬玩具,喜欢被别人逗。
6~8月 (七爬)	俯卧时用脚推动身体,会向前爬。 会逗人。 扶物可站立。可学拍手,模仿大人脸部表情。 被问到妈妈在哪里时,能转头寻找。 喜欢玩和好的面团。 和孩子说话、逗笑,会咿呀对合,能区分声音和旋律,能敲鼓。
8~10月 (站立)	可搀着走、扶家具走。 通过喊叫引起别人注意。 会摆手再见。 会为妈妈表演简单的动作,会反抗。 会用手指捏物。
10~12月 (行走)	可独自站立,可独自走,可弯腰取物。 理解大人情绪,知道喜欢谁。 认出三原色(红、黄、蓝),能握笔画涂鸦。 能认识自己五官。 模仿声音、模仿动作、模仿语言,会玩"藏猫猫"的游戏。

续表

1~2岁	能认三原色以外的颜色。 有节奏走、跑、侧身走、倒退走，双脚往前跳，投球。 用八块积木垒高。 听懂声音强弱。 用面团搓、揉。 会叫妈妈，可交谈，可说出多字的句子。 词汇量不断增加，可掌握40~50个单词或更多，知道大人情绪，可学会儿歌。
2~3岁	垒多块积木，画圆形、走直线（脚尖对脚跟）3米，画人只画头、手、脚等部分。 懂得大小、形状、轻重、长短，初步区分大、中、小和半个。 能看出颜色的差别。 用面团搓条、团圆。 到3岁时可听懂大人的话，并说出自己想法。大人和孩子一起讲故事，之后孩子可复述讲出故事的大概内容。

13 | 表扬可以促进大脑发达

采用表扬与褒奖的方法，是培育发达大脑的有效秘诀。我们今天知道了就要及早运用到自己孩子的教育中。

不管是说话交流、玩耍游戏、感觉、肢体活动等，看到孩子做得好、有进步，当时一定要适当地给予表扬或褒奖。这样孩子会高兴、心情好，增加信心，产生兴趣，还有继续做的动力。

即使做得差些、做错了，也不要直接批评、训斥，更不能挖苦、打骂，不许再做等。可以采取迂回的方法，先表扬孩子做得好的地方，再指出哪些是不对的，教给孩子正确的做法，让孩子在不受打击的情况下改正错误，重新尝试再做。

表扬、鼓励使孩子增强信心。鼓励孩子的话，可以说："你能行""能干""真棒""是好样的""不怕困难""困难没什么了不起"等等。通过不断鼓励、表扬，孩子有了勇气和信心，经过不断尝试，就能把事情做好。孩子也能养成不怕困难、不怕失败、不怕苦和累，去争取胜利的坚强性格。

表扬能锻炼孩子的大脑，使大脑受到更多激励刺激，大脑内部的相关部分兴奋，产生愉悦的情绪，有想再继续做的动力，促进了大脑的发展，使大脑更发达。表扬这种方法，在培养孩子的过程中起到良性循环的作用。孩子、大人都愉快，达到了培育孩子大脑聪明的目的，大人也有成就感。

表扬的方法效果显著，容易操作。反之，不采用表扬方法，会感到孩子不听话,培育孩子又累又难。孩子也担心受到批评、训斥,感到不轻松。

表扬的方法为什么能受到孩子的欢迎,因为这和大脑的功能有关系。大脑中有一种能引起快感、开心、愉悦,还想继续做的刺激传达物质——多巴胺。

当人得到奖金、吃到好吃的食物、得到好成绩、做兴奋的事时,婴幼儿被妈妈抱起来亲近时,妈妈和孩子说话、游戏时、感觉愉快时等,大脑都会分泌多巴胺。

好孩子是夸出来的,培育婴幼儿,要做到多表扬。孩子受到表扬、鼓励时,大脑腹侧被盖区(VTA)动作,分泌出一种叫作多巴胺的传达物质,刺激横核,产生快感。

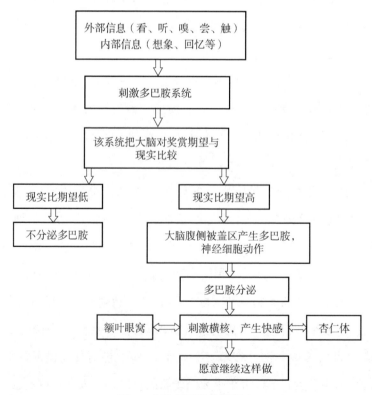

图4 大脑多巴胺分泌程序

多巴胺是大脑的"奖赏中心",又称多巴胺系统。多巴胺是产生快感、兴奋、开心的传达物质。

我们所看到、触摸到、感觉到、听到、嗅到、尝到以及想象到的东西,共同缔造了种种感知状态。这些信息及由它们所决定的感知状态,每时每刻在发生着变化。其中有些是好的,你想更多的得到,另一些不好的,你想尽力避免。当这些信息刺激到多巴胺系统后,该系统把大脑对奖赏的期望与现实进行比较。如果现实的状况比期望值高,多巴胺就被释放到大脑各个部位,从而鼓励了这种行为。

对婴幼儿来说,在玩耍等活动时的表现,受到夸奖鼓励时,多巴胺就有分泌,孩子更高兴,就会做得更好。如果多巴胺系统,把大脑对奖赏的期望与现实比较后,没有达到预期的奖赏目标,则分泌多巴胺的信号就不发出。

孩子做事得到表扬时,大脑的腹侧被盖区作用,分泌多巴胺,使孩子高兴,产生好心情,孩子就更愿意这么做。同时多巴胺的分泌增加了大脑细胞的活性,促进大脑发育,使大脑更发达。

14 | 分枝法锻炼大脑

分枝法,形象地表示出做一个主要事情(干枝),同时再做出一个或几个次要事情(分枝)的方法,也可叫大箱套小箱法、做大事兼做小事法,也是一种最简单的运筹方法。做主事时顺便做有关联的次事,是一种组合式活动。

和孩子玩耍游戏时,妈妈爸爸要想办法用分枝方法锻炼孩子的大脑,设想出一些做主事时加做次事的分枝法。例如:

①孩子慢跑到10米远终点时,要从终点地上捡回一个毽子,这也是慢跑中要完成的一个任务。

②把苹果送给妈妈,顺便将途中桌子上的纸巾拿起也一并送给妈妈。

③让孩子将一只玩具熊和一个玩具球取回来,孩子可能在取回玩具熊的同时把玩具球一起取回来,任务一次完成;也可能一次取回玩具熊,再去一次拿球,两次完成任务,这样做效率低、费时间。

分枝法,在大人们的工作中经常用到,有的人工作效率高,就是利用了这种分枝法。

如做一餐饭,先是淘米、放入锅中浸泡,这时开始收拾鱼,刮磷、除内脏、清洗,再洗好蔬菜,回过头来给电饭锅通电,电饭锅自动煮饭。

这时再准备做菜的调味料,先炖鱼,慢火炖着,最后炒菜。

蔬菜炒好了,鱼也炖好了,米饭也熟了,可以一起上桌吃饭了。

时间配合得紧凑,主次烹调都进行了,这也是一种简单的运筹法。诸如此类,工作效率就高、省时间,也锻炼了大脑的功能。

处于大脑发育关键期的幼儿,利用分枝法锻炼大脑功能更为显著、更为必要。研究指出:做事时,先做完主事(甲),再去做次事(乙)的话,甲、乙两事分别进行,大脑的额叶前区要分别作用两次;而在做主事(甲)途中加入做次事(乙)时,激发了额叶前区的前头极活跃,作用一次便可完成。

额叶前头极,是额叶前区中进行更复杂、高难度作用的地方,只有人类才有。分枝法使额叶前头极活跃,也就锻炼了大脑,使大脑更发达。

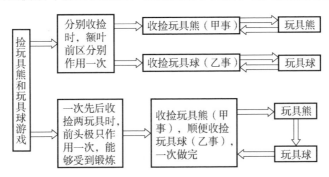

图5 分枝法锻炼额叶前头极

15 | 利用镜像神经细胞锻炼大脑

镜像神经细胞系统的利用并不陌生。故事《捉猴子》，就是利用了这个系统。

因为猴子跑得快跳得高，又能上树，捉猴子是一件难事。于是有人采取"醉酒沉靴"的方法捉猴子。先在猴子多的地方摆上一坛酒（白酒）和一坛水（两个坛子外形一样）。再摆上几双沉重的靴子（其中一双不重）。

捉猴的人坐在地上用大碗去舀坛中的水喝，让猴子看见，猴子认为这坛中的东西一定好喝，就凑过来模仿人的样子喝上一大碗。捉猴人对凑过来的猴子表示友好，还特意倒上一大碗白酒，摆在地上等猴子喝。捉猴人一大碗一大碗喝的都是水，猴子不知道。猴子凑过来模仿人的喝法，拿起大碗酒就喝，喝着、喝着就有些醉意，又看见捉猴人穿地上的靴子（不沉的那双），猴子也照样模仿穿起地上的靴子（是沉的）。

猴子有些醉，又穿上沉重的靴子，站起来想走，但跟跟跄跄走不稳，于是捉猴人就趁机轻易地捉住了猴子。

猴子的一系列表现：看——理解——模仿，就是大脑中的镜像细胞系统在发挥作用。镜像神经细胞系统的发现比较新，通过1996年对猕猴进行试验和1998年对人的试验，发现了镜像神经细胞系统。

神经学家推测：人的镜像神经细胞，可能是移情作用的神经基础，对模仿、语言学习有帮助。

当进行一种活动时，大脑运动前区的镜像神经细胞作用，而看见这一活动的别人，同样大脑运动前区的神经细胞也作用。好比见到的活动，映现在大脑运动前区的镜子上一样。镜像神经细胞系统，是"看见→理解记忆→模仿"的系统。

人大脑额叶前区中，有镜像神经细胞系统的最高中枢。婴幼儿学做一项新事时，就是利用镜像神经细胞系统完成的。经常使用会锻炼额叶前区，也锻炼了大脑相关的重要区域。

孩子要学妈妈做新的事情时，可按下列三个步骤的顺序进行。

第一步骤，先看妈妈做；

第二步骤，和妈妈一起做；

第三步骤，孩子自己独立做。

如果只用嘴说，用语言告诉孩子做法，孩子是不能做出来的。所以，必须利用镜像神经细胞系统，通过大人的亲身示范并讲解，引导孩子学会做新的事情。

进行第二步骤时，孩子要思考一会儿能否自己做，如能行，大人要多给鼓励，这样可以增强孩子的自信心。孩子受到鼓励后，大脑腹侧被盖区动作，分泌出多巴胺，孩子高兴、心情好，就能做得更好。这里说明的方法，是模仿简单运动的方法。

模仿比较复杂的运动时，首先看大人做。这时孩子有兴趣持续看，孩子不做动作，用大脑模拟大人的动作，记忆在孩子大脑的运动区、运动前区和顶叶联合区。

其次是理解、模仿、记忆大人的动作。孩子的身体不动，只在大脑中模仿大人的动作，大人在一旁观察等待。如果孩子身体要动作，大人要给予正确指导。

最后是孩子自己独立完成动作。孩子能够模仿大人的动作，就必须记忆正确的做法。这个记忆称工作记忆，保持在额叶前区，能锻炼大脑的额叶前区、运动区和运动前区。

16 | 影响聪明的几个方面

一般说，孩子聪明主要受三方面影响。一是遗传；二是环境；三是教育。

遗传基因是好是差，我们现在只能认可，还不易改变。环境和教育对孩子聪明的影响，我们可以把控。所以，应及早、尽力去增加各种信息的影响。

为了孩子更聪明，父母要明确认识：

①外界信息刺激很重要，要积极做好。

②时间紧迫！3岁前是婴幼儿智力发育的关键期、黄金期，不能耽误。

③和睦、温馨的家庭环境，父母适时的指导和陪伴。

父母要和孩子一同成长，多汲取育儿知识，重视孩子智商情商的培养，及早采用科学方法精心培育。

外界的各种信息刺激，是环境影响的主要方面。信息刺激有多种，如多说话、多玩耍、多感觉等。妈妈爸爸要经常和孩子一起活动、一起玩耍，教育可以随时随地进行，教育成果是靠时时处处、点点滴滴的教育积累。

孩子聪明，也指智力好、智商高。一般说智商在100时为中等水平，120以上时为偏上，在80以下为偏下。智商除先天的遗传因素外，后天的环境和教育对智商的发展也起到了决定性作用。3岁前是大脑发育的关键期，也是智商发展、提升的关键期。

先天和遗传有区别。以疾病为例,先天性疾病形成于胚胎,不一定是上代遗传的。而遗传疾病常有明显家族史,如控制某一遗传特性的基因有缺陷,这缺陷基因会传给下代,代代相传,或隔代相传。

先天指出生时就有,可能是遗传的结果也可能不是。

遗传指由基因决定的,可能在出生时就表现出来,也可能在人长大时才表现出来。

基因的优秀与否是遗传的。平常说,这个孩子长相或秉性像爸爸或妈妈,便是基因遗传的体现。

正常人的体细胞中有23对染色体,每对染色体中排列着许多基因。每对染色体相应位置上的一对或几对基因,共同决定着人的某种性状。如血型、某种酶的合成等。

子代(孩子)细胞的染色体一半来自父亲的生殖细胞,一半来自母亲的生殖细胞。所以子代细胞中的基因,实际上就是来自父母的基因。子女像父母,高智商父母的基因也会遗传给子女,子女就聪明。

中国古书《三字经》上说"人之初,性本善。性相近,习相远。"是说人的性情,初生时是善良的,差不多。只因为后天所处的环境不同、所受的教育不同,而产生了差距。

科学家认为,早期敷设的复杂神经细胞突触网络,可能就是综合智力生物基础。网络相互交织得越复杂,孩子就可能越聪明,因为把外界的信息进行筛选、归档、调用的回旋余地更大。

第二章

生活中教、游戏中学，提高智商、情商

17 培养开发婴幼儿智力

智力是指生物一般性的精神能力。指人认识、理解客观事物并运用知识、经验等解决问题的能力，包括记忆、观察、想象、思考、判断等。这个能力包括以下几点：理解、判断、解决问题，抽象思维，表达意念以及语言和学习的能力。

孩子聪明也就是智力好、智商高，一般有三方面原因。

(1) 遗传因素优

遗传因素是智力发展的生物前提。良好的遗传因素，是智力发展的基础和自然条件。父母遗传基因比较好，会遗传给孩子。

(2) 生长发育环境好

遗传只为智力发展提供可能性，要使智力发达，还需要社会、家庭、教育等诸多方面共同作用。遗传决定了智力发展的上限，这个上限只有在理想的环境下才能达到。遗传因素越好，环境的作用就越大。

环境的影响又包含两个方面：

①自然、社会环境好。山清水秀，没有污染，空气和水干净。社会安稳和谐，人的素质高、文明、友爱，没有不良影响。

②家庭环境好，这个是直接影响孩子智力发育的重要方面。家庭和睦、父母恩爱、孝顺、有知识有文化，没有不良嗜好，关心孩子成长教育，言传身

教、以身作则，父母有民主宽松的教养态度，能与孩子无拘无束的沟通等。

（3）适时适当的教育

教育对智力的发展起着主导作用，能使孩子获得书本上前人总结出来的知识经验（间接经验）。教师在课堂上运用分析和概括的方法讲授课程内容时，不仅使学生获得知识，还掌握了这种思维方法，从而形成了对事物的分析和概括能力。

智力发展的速度不均衡。早期获得的经验越多，智力发展就越迅速，学龄前期是智力发展的关键期。美国心理学家布鲁姆提出了一个重要的假设，认为5岁前是智力发展最迅速的时期，如果17岁的智力水平为100%，那么从0到4岁就获得50%的智力，4~7岁获得30%，另外20%是8~17岁获得的。

父母要特别用心、科学地培育孩子的大脑，抓住婴幼儿智力发展的关键期进行培育。

创设适合孩子身心发展的良好环境。父母是家庭环境的营造者，要让孩子在和睦、温馨、有爱的环境中生活。父母充满爱心与耐心的陪伴是孩子健康成长，变得聪明、自信的有力保障。

父母要有学习的意识，努力学习科学的育儿知识。不怕知识少，就怕不学习，遇到问题时要及时查阅资料，积极向有经验的人请教。如果家长知识少或无知识，怎么去培养孩子有高智商？要培育聪明、优秀的孩子，不仅需要父母有爱心，更需要父母有教育的智慧和技巧！

培养婴幼儿智力的方法如下：

（1）多陪伴、多抚触

爱和抚摸，幸福的家庭氛围。孩子需要安全感，家长对婴幼儿的哭闹要及时查看原因，给予解决。多拥抱、抚摸和逗引孩子，通过抚摸和声音使他平静下来。温柔地全身按摩、抚触，轻轻地唱歌、讲话，会使孩子很快得到安全感，表现愉悦。

给孩子一个温馨幸福的家庭环境，耐心细致地体察孩子的成长，理解孩子的心理。父母与孩子生活、游戏时要营造轻松愉悦、开心民主、无拘无束的氛围。

(2) 多听、多说话

多和孩子说话和交流感情。唱儿歌、听轻松欢快的音乐是孩子非常喜欢的活动。让孩子多听音乐、儿歌、故事，听过几遍后，可以随音乐打节奏，表演故事内容等。

(3) 多体验、多感知

通过让孩子看，追视移动的、色彩鲜艳的物体来培养孩子的视觉；通过寻找能发出声响的玩具，听音乐，讲故事等来培养孩子的听觉；通过对孩子拥抱、抚触、玩沙、玩水、玩泥等来培养孩子的触觉。在生活中引导孩子多嗅、多品尝、多触摸、多感受各种信息的刺激。大脑受到的刺激越多，就会越发达，孩子就越聪明。

(4) 多动手、多动脑

动手操作涵盖两方面内容：

①练习手部小肌肉的灵活性和准确性。准备充分的玩具材料，让孩子通过形式多样的活动锻炼手的技能，如抓、握、团、搓、捏、倒、挤、夹、拧、敲、对合、拔、剪等动作。

②生活能力的培养。例如：吃饭、喝水、脱衣穿衣、系鞋带、分碗筷、收拾整理玩具，帮助妈妈做力所能及的家务等等，既能锻炼动手能力，又能使孩子体验到成功的乐趣。

(5) 多支持、多鼓励

孩子有好奇、好问、好动的特点，充分利用这一特点来激发孩子学习的兴趣。要尊重、保护和正确引导孩子的好奇心，在活动中多用新鲜的事物来激发孩子的好奇心和探索的欲望。

肯定孩子付出的努力,对孩子微小的进步也要及时给予表扬。让孩子体会到成功的快乐,才能对一件事情产生兴趣,有利于激发下一次的尝试。家长多支持、多鼓励,孩子将来会满怀信心地面对未来的挫折和失败。

(6) 多阅读,多积累

和孩子一起阅读,可以边读边指着书上的字,让孩子知道好听的故事是从书本上的字读出来的。一本书读完一遍后,可以再读第二遍、第三遍,每读一次,孩子的印象就加深一些,婴幼儿特别喜欢重复听读过的故事。

一起阅读有助于建立亲子关系,了解新事物,积累新知识。孩子熟悉故事内容及对话后,还可以和爸爸妈妈一起表演,提高孩子的理解能力、表演能力、口语表达能力,达到发展智力的目的。

培养孩子的智力,就是要不断地对大脑进行大量的、各种信息的刺激,主要的形式就是玩,和孩子一起玩,在玩中学。(婴幼儿的思维特点是直觉行动→具体形象;学习的方式是游戏,即玩中学。)这里包括多看、多玩、多说、多感觉。生活中处处都有教育的契机,要利用和创造一切机会培育孩子的大脑,把握时机随时随地学习。

智商是智力的一种衡量标准。智力是能力,是大脑的功能。如观察能力、记忆能力、思维能力、想象能力、判断能力、分析能力、执行能力等。智力还有特殊技能,如绘画能力、音乐能力、社交能力、创造能力、运动能力等。

智商的高低,三分由遗传基因决定,七分由周围环境、教育等因素决定。组成智力的各种能力,是智力的表现形式,是需要培养的。

培养与不培养的结果截然不同。事实证明:大量的、有目的、有计划的游戏能够提升孩子智力。

18 | 培养智力的一般能力

(1)培养观察力

观察是一种有目的、有计划的比较持久的知觉过程,它是智力的基础成分。拥有良好观察力的人善于发现事物本质的、但并不显著的特征,对认识世界具有重要的意义。婴儿还缺乏观察力,他们对事物的知觉是不随意的、被动的,缺乏目的性,常常受到对象本身的特点和自己的兴趣所制约。

培养孩子的观察力,激发观察的兴趣是关键。

教孩子观察的方法:先看什么、后看什么,要关注主要的、关键的、有特征的。

还要教孩子观察的顺序:由近及远、先整体、后局部,从上到下,从左到右、从里到外,由简单到复杂、循序渐进地观察。

观察力的水平与孩子平时接触事物的多少直接相关,见多识广的孩子,观察得就仔细,感受到的、学到的新知识就多。孩子接触事物少、缺少实践的机会,观察力就差一些。

· 观察的步骤

观察是认识事物的重要途径,多为孩子创造观察的条件和机会。其实睁开眼睛看周围的一切事物,均是观察。但是仅仅"看"是不够的,要对"看"施以目的性,要多动脑。

①带领孩子观察前,提出明确的目标,做到有计划的观察。家长可以和

孩子一起做各种准备，比如查阅相关资料、准备辅助观察的工具等。

②观察中，向孩子提一些相关的问题，让孩子带着问题去观察，进一步明确观察的目标。

③观察后，家长和孩子一起讨论刚才看到了什么，是什么样子的？等话题。

及时给予表扬鼓励。能得到家长的肯定，孩子的观察行为就会得到正强化，观察得会更认真、更细致。观察过程，满足了孩子的好奇心，锻炼了动手能力，增加了观察兴趣，提高了观察效果。同时，思维能力、口语表达能力等多种智力也得到了提升。

- **多种感官参与观察**

观察力是多种感官共同接收信息，来完成学习的复杂活动，包括了视觉、听觉、嗅觉、触觉、味觉以及痛觉等六大感官。带领孩子观察时，让孩子亲自摸一摸、看一看、听一听、尝一尝、嗅一嗅、想一想、说一说。多种感官全方位参与观察活动，亲自感受，使孩子获得更好的观察效果，留下丰富深刻的印象。这样才能够观察得更仔细、了解得更全面、记忆得更牢固。

观察是一个认真、专注的过程。观察，能记住事物的主要部分，这样会为将来读书、工作打下良好的基础。如果看了一阵子，读了半天都没有看出主要内容，总是走马观花，也就很难获得确切的信息和知识。大脑所获得的信息，有80%~90%是通过视觉、听觉输入大脑的，观察主要靠看，即靠视觉。因此，训练孩子的观察力，要保护好感觉器官，尤其要保护好眼睛。

玩游戏也需要有观察力的参与。如认识颜色、大小的游戏。要求孩子在一堆各种颜色、形状、图案的卡片中挑选出同样的卡片，看谁找得又快又对又多。这时观察力强的孩子就会胜出。

如玩拼图游戏（整版画面分成若干片，要求拼成原来完整图画的一种游戏，也叫多个凹凸对合拼画游戏），需要有较强的观察力和拼成原画面的推断能力（判断力）。观察力强的孩子，拼得快；观察力差的孩子，可能要多花费一些时间才能够完成,也可能完全拼不成。

· 日常生活中练习观察力

孩子和家长一起做物品分类的简单劳动。

①帮助家长把买回来的蔬果分类,摆放到不同的篮子里;

②把洗净晒干的衣物,分出爸爸的、妈妈的、自己的收放到柜子里;

③把平时玩的玩具按种类,分放到不同的盒子里等。

这些分类的工作,不仅可以培养孩子的观察力、秩序感,还能养成爱干净、生活自理的好习惯。

观察力是对事物外表的感知,是对事物本质的认知,更是对事物分析和综合的概括能力。观察力强的孩子,可发现更多的事物,获得更多的外部信息。家长还要多带孩子到大自然中去观察、去实践,让孩子在生动、鲜明、触手可及的自然景物中探索、观察、学习,既开阔眼界增长知识,又能有效促进观察力的发展。

(2) 培养记忆力

记忆力是识记、保持、再认识和重现客观事物所反映的内容和经验的能力。记忆可以分为:瞬时记忆系统、短时记忆系统和长时记忆系统。

所有外部信息的新刺激都可以短暂地贮存于瞬时记忆系统,但会很快消退(大约在一秒左右)。那些被提取到的信息会进入短时记忆贮存,在没有复述条件下可以保持15~30秒。借助复述,短时记忆贮存的信息可以转移到长时记忆中。长时记忆贮存的容量非常大,贮存时间也相当长,是一个真正的信息库。

· 艾宾浩斯记忆遗忘曲线

德国心理学家艾宾浩斯研究发现,遗忘的发展规律,有"先快后慢"的原则。遗忘在学习之后立即开始,而且遗忘的进程并不是均匀的。最初遗忘速度很快,以后逐渐缓慢。

遗忘的进程不仅受时间因素的制约,也受其他因素的制约。最先遗忘的是没有意义、不感兴趣、不熟悉、不需要的材料。了解了遗忘的规律，就要把需要记忆的材料在遗忘前复习，这样才能取得良好的记忆效果。

图6就是非常有名的揭示遗忘规律的曲线——艾宾浩斯遗忘曲线。图中竖轴表示记忆程度（用来表示机械记忆的保持程度），横轴表示时间（天数），曲线表示机械记忆的结果。

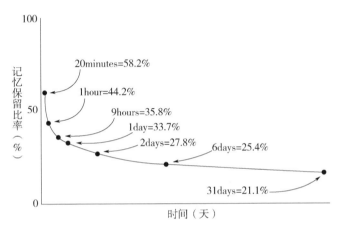

图6　艾宾浩斯遗忘曲线图

记忆的特点：3岁前，孩子对感兴趣和特点鲜明的事物容易记住，但记忆缺乏目的性，以无意记忆、形象记忆为主，带有很大的随意性，有很强的情绪色彩。所以，记忆保持的时间较短，孩子容易记住那些使他们感到快乐或悲伤的情景。

·培养记忆力的方法

①利用特征明显、生动形象、能发出声音、颜色鲜艳的具体形象吸引孩子注意、记忆。出示具体形象的同时，家长要多次重复介绍其名称、颜色、用途等，引起孩子的注意，帮助加强记忆。

②孩子自我控制能力比较差，情绪、兴趣会影响记忆的效果。因此要在孩子情绪好的时候练习、选择孩子感兴趣的事物，这样孩子会比较配合。

③孩子的记忆保留时间短，机械记忆是记忆的主要方法。要孩子记忆效

果好,就要不断重复。如教孩子看图说话、儿歌、童谣、绕口令的时候,都要反复多次地读给孩子听,强化记忆。

④利用多种感官参加记忆,可以有效地提高记忆效果。调动多种感官:视觉、听觉、嗅觉、味觉、触觉参与记忆活动,能够很快记住。如认识苹果,可以让孩子看看苹果的样子和颜色、闻闻苹果的气味、尝尝苹果的味道、摸摸苹果光滑的表皮、听听咀嚼苹果发出的声音等,利用多种感官从多方面感知苹果。下次再看到苹果,孩子马上就能回忆出苹果的多方面感觉。

⑤给孩子提供丰富多彩的感知环境。

a. 为不同年龄段的孩子准备合适的玩具。

b. 每天给孩子讲儿歌、故事。

c. 经常带孩子去郊外、公园、游乐园。

d. 和孩子一起做游戏等。

这些快乐的时光都会给孩子留下深深的印记,可能形成永久的记忆。带孩子外出游玩时,家长要有意识讲解各种事物的名称、颜色、用途等,帮助孩子积累知识经验。可以向孩子提一些简单的问题,让孩子来回答。也可以回到家以后让孩子讲一讲路上发生的趣事。大脑里储存的记忆越多,知识面越广,孩子"见多识广",智力也就越发达。

⑥明确识记任务。孩子的记忆以无意记忆、形象记忆为主,记忆缺乏目的性。家长可以给孩子布置简单的任务,让孩子有意识、有目的地去识记某些事物。如带孩子外出购物前,可以请孩子帮忙记住今天急需购买的3样东西,到超市时问问孩子记住了吗。根据孩子完成任务的情况,适当调整任务的难易程度。

孩子年龄小,语言发展正在进行,有目的记忆还比较差,但对一些形象具体、感兴趣的,特别是一些喜欢的游戏、玩具等会自然的记住,甚至终生不忘。

通过游戏,培养孩子记忆力是简单高效的方法。现代研究认为,大脑中的海马体是储存信息的重要器官。生活和学习中的短期记忆都储存在海马体中，如果一个记忆片段，比如一首唐诗、一个计算公式在一段时间内经过多次复习的话，海马体就会将其转存入大脑皮层，成为长期记忆。

人的记忆力强弱不同，影响记忆力的因素很多，如感兴趣、有目的、方法得当就有利于记忆，有目的、有计划地加强训练能够有效地提高记忆力。

随着年龄增长，可通过更细分的智力游戏发展记忆力，在游戏中发展孩子的记忆力效果最好。

培育孩子的记忆力，要全面发展各种记忆内容。如对客观事物直接形象的记忆、语言和文字的记忆、肢体运动的记忆、喜怒哀乐等感性的记忆等。

· **记忆小游戏**

①碗里有几个核桃？

玩游戏时，将三个核桃放入大碗中让孩子记住，盖上碗盖。然后打开碗盖拿出两个核桃，再盖上碗盖。问：现在大碗里面有几个核桃？孩子动脑进行简单的计算（减法），回答：剩下一个核桃。游戏激活了额叶前区的功能。

②卡片正面有什么？

学识字时，将正面有画、有字的卡片给孩子看3秒钟，然后翻到背面，问：卡片正面的画和字是什么？训练孩子的记忆力。

孩子记忆力的培养，与观察力、注意力、思维力、想象力和口语表达能力的培养是相互联系、相互促进的，孩子的记忆力好，智力也会得到发展。

(3)培养思维能力

思维能力是人脑对客观事物间接的、概括的反映能力。思维能力对事物的理解、分析、判断、解决、处理起主要作用。思维过程有两个基本特点：一是间接，二是概括。思维能力是智力的核心，要使孩子更聪明，就必须重视发展思维能力。

思维的发展分为直观动作思维、具体形象思维和抽象逻辑思维三个阶段。0~3岁的孩子，直观动作思维占主导地位，这个年龄段孩子的思维是依靠感知和动作来完成的，孩子只有在听、看、玩的过程中，边玩边想，才能进行思维，一旦动作停止，思维活动也随之停止。

3~6岁的孩子，具体形象思维占主导地位，抽象逻辑思维开始萌芽。思维可以依靠头脑中的表象和具体事物的联想展开，能摆脱具体行动，运用已经知道的、见过的、听过的知识(已有的知识储备)来思考问题。

成人主要的思维方式是抽象逻辑思维。

提高思维能力，需要通过感觉器官充分搜集外界信息，积累大量的感觉知识和经验。可以通过让孩子多说话、多玩耍、多感觉等达到积累知识经验的目的。

思维，是大脑的精神活动。思维需要有材料：

一要有语言、二要有形象。

抽象思维以语言词汇为中介反映现实，形象思维反映的对象是事物的形象。同时，用语言和表象来记载、巩固和表达思维活动结果。

大量的思维材料是语言性质的，语言与思维是密不可分、相互依存的关系。人的语言是由思维转换来的，思维主要用语言代替实物、反映事物本质。

·培养思维能力的方法

①丰富生活环境，扩大孩子眼界

多感觉，多直接接触新鲜事物。利用各种感觉器官，多感知外界事物，包括自然和社会的日常知识，知识多了，就会形成对事物的初步概括能力，从而发展孩子的思维能力。

要充分利用周围生活中的事物，让孩子感知和观察，这样才能不断丰富孩子对自然与社会环境的感性认识。

比如孩子小床上方，可以悬挂一些能发出声响的、色彩鲜艳的玩具，让孩子看一看、听一听、摸一摸。孩子醒着的时候，家长要多陪伴、多逗他玩、多和孩子说话，多抱一抱、多抚摸孩子。

随着孩子长大，活动范围增加。孩子学会走路后，要提供一个较为宽敞、安全的活动空间，供孩子自由活动。也要多带孩子到室外玩耍，看看自然界的花草树木、各种动物等。

经常带孩子外出参加活动，多和周围的小朋友一起接触、交流、游戏，有目的地扩大眼界、丰富知识。

孩子接触的事物越多，积累的感性经验越丰富，对事物的概括能力也就越强，概括认识事物会更全面、更准确。思维活动就能在丰富感性认识的基础上更加积极地开展起来。

②鼓励孩子积极思考问题

家长和孩子在一起时，经常给孩子提出问题和要求，启发孩子积极思考，养成爱动脑的好习惯。解决问题的能力是一种综合智力能力，生活中处处需要这种能力。遇到问题时家长要启发孩子思考、探索解决问题的方法，让孩子想一想"为什么？""还可以怎么做？"孩子在思考的过程中锻炼了思维能力，积累了经验。自己寻找到问题的答案时，能体会到成就感，久而久之，孩子的思维能力也会获得发展。

如果孩子暂时无法独立解决问题，家长可以通过示范、启发性提问、提供解决问题的条件等方式，引导孩子寻找解决问题的方法。还可以和孩子一起查阅资料、鼓励孩子再想一想，找到解决问题的方法，培养孩子独立思考问题的能力。

③利用游戏、家务活动培养孩子的思维能力

给幼儿提供充分思考的机会。孩子能做的、想到的，让他自己去做，家长不要包办代替。如玩安静的智力游戏，玩拼图、拼插建构积木的时候，让孩子充分思考，独自解决问题，最后做出自己满意的作品，会非常有成就感。

如拼图游戏，孩子在一堆混杂的拼图块中找出正确的一块拼图,拼凑成一幅完整的图案,这就需要具有敏锐的观察力和稳定的耐力才能完成。又如搭积木、拼七巧板等智力游戏，都需要动脑筋思考才能完成，能够锻炼思维能力。

玩游戏时，启发孩子多思考、多想办法，孩子会有各种各样的新想法。鼓励孩子自己提出游戏的玩法和规则，对一些创新的玩法，家长要积极配合、支持，及时表扬孩子的"新点子"。

在日常生活中，引导孩子去思考。如玩玩具、做游戏、猜谜语、做力所能及的家务劳动等等，都可以引发孩子积极动脑筋去进行思考、分析、比较、判断等思维活动，促进思维能力的发展。

④丰富词汇，提高语言表达能力

语言是表达思维的工具，语言能力和思维能力是密不可分的。有了词汇才能对事物进行概括和间接的反映，所以提高语言表达能力，对培养思维能力是至关重要的。

口语表达能力强，思维能力的发展也比较快。因此，在日常生活当中，一定要抓住点滴时机，通过游戏、郊游、交谈、提问等各种方式，引发孩子多说话，不断丰富词汇，鼓励孩子用语言顺畅地表达自己的想法。

语言的发展能够使孩子逐步摆脱具体形象的束缚，促进抽象逻辑思维的发展。

每天给孩子讲故事，是丰富词汇的好办法，家长可根据故事内容提问。

a. 讲故事前提问，让孩子带着问题听故事：

故事的名字是什么？

故事里面都有谁？

故事讲了什么事情？

b. 故事讲完后，提问以上问题，看看孩子掌握到什么程度，没有掌握的知识点要适当讲解。如果孩子喜欢听这个故事，可以再讲一遍。

c. 让孩子续编故事结尾。

d. 熟悉故事内容后，可以让孩子做导演，全家人一起演一遍。

⑤培养物品分类归放的习惯

家长指导孩子把洗好晾干的衣服按上衣、裤子、袜子等分类摆放在柜子里；平时玩过的玩具按种类分别放回到玩具盒中；动物、植物、人物、文具等的图片按种类挑选出来收纳。

经常这样做，孩子分析、概括、生活自理能力就会提高，思维能力也得到了发展。

（4）培养想象力

想象力，是在已知客观事物的基础上，在没有客观事物参照下，经过大脑神经网络进行重新组合或虚幻塑造出的一些新形象的能力。想象一般是在掌握一定知识的基础上完成的。想象力是智力的一种发展，甚至比知识更重要。

想象一般有独创想象、创新想象和意外想象。想象又可分有目的想象和无目的想象、虚无想象等。想象对孩子的智力发展特别重要，能打下创新思维的基础。

孩子的想象有无限的潜力，家长要善于发现，并要多关注、多引导、多鼓励，使孩子的想象力不断提高。

独创想象，孩子在没见到、没听到客观事物的情况下，按照自己幼稚的想法和对有限生活经历的感悟，独立想象出一种新事物的形象或做法，甚至有幻想、虚无的成分。这种想象，是孩子的一种独自、没有受到客观影响想出的形象或行动。孩子觉得好玩，想象时大多没有现实目的，但这种想象经成人指导，往往会启迪发明创造。对孩子的独创想象，不能说是"瞎想""乱想"。

独创想象多在幼儿绘画中表现出来，有时游戏中也有表现。如天空中落下白面，树上长出西瓜；玩过家家时没有饭吃，只用小勺在空碗里假装舀饭吃；对天上飞来坏人的飞机，用手一指便能击落；有些像神话故事中的神仙……

创新想象，是改进想象。在原有客观事物基础上，大胆或超现实的想法。如玩拼插玩具时，可拼插出双头汽车（不用调头）；可拼插出长有轮子的房子，天冷时移到南方、天热时移到北方；小汽车长出翅膀……创新想象范围很广，什么事物都可创新。家长可和孩子一起想象、指导想象，为孩子的想象思维打好基础。

幼儿时期想象力旺盛，所以要加以重视。丰富幼儿知识，多看、多听、多玩耍、多交流、多接触、多想、多画、多动手做、多编故事。成人要创设全方位的、良性的外界信息刺激，避开不良影响。可多看些儿童画册、听儿童故事、听美妙的歌曲、儿歌等扩大眼界、拓展思维，丰富孩子的知识面。

拥有丰富的想象力，可以为将来的学习、工作带来不可估量的潜能。

· 培养想象力的方法

①多感知体会新事物。

想象是人脑对已有表象进行加工改造，形成新形象的过程。新形象的产生是在过去已有的记忆表象基础上加工而成的，想象发展的水平如何，取决于原有的记忆表象是否丰富，又取决于感性知识和生活经验的积累。因此，知识和经验的积累，是想象力发展的基础。

特别是幼儿初期，想象没有预先的目的，只是在某种刺激物的影响下，自然而然的想象出新形象。所以，孩子生活内容越丰富，得到各类事物的形象越多，就越有助于想象力的发展。

要丰富孩子的感性知识，使其头脑里充满各种事物的形象。家长要经常带孩子去感知客观世界，启发孩子认识自然事物，多看、多听、多模仿、多观察，开阔孩子的视野，积累感性知识，丰富生活经验，为想象增加素材。孩子在见多识广的情况下，就容易把各种事物的某些特点联系起来进行想象，从而发展想象力。

②利用文学艺术活动发展想象。

充分利用文学艺术活动，激发孩子的想象力。

· 故事

a. 孩子喜欢听故事、复述故事、续编故事，充满想象的童话和神话最能引起孩子的遐想。多给孩子读一些配图优美的故事书，这样孩子可以通过语言的描述，在头脑中进行再造想象。

b. 续编故事。孩子对故事熟悉以后可以复述故事，或者将故事讲到一半，让孩子续编故事结尾，促进孩子想象力的发展。

c. 排图讲述。把故事图片混在一起，让孩子重新编排故事顺序后讲述，提高语言表达能力和想象力。

d. 鼓励孩子讲故事。在孩子讲故事的时候给予适当的引导，比如当孩子讲不下去时，就用提问的方式启发：后来发生了什么？结果怎样了？等。孩子讲得好，及时给予适当的表扬，增加孩子讲故事的兴趣。

· 音乐

a. 音乐是发展孩子想象力的有效工具。选择播放一些适合孩子欣赏的音乐，让孩子去听、去想、去思考，在优美的音乐中，孩子的情绪愉悦、欢快，容易展开丰富的想象，鼓励孩子通过语言表达对音乐的理解。

b. 选择节奏感强、轻松欢快、利于表现的音乐，让孩子通过对音乐的感受，想象编排动作，随着音乐的节拍跳舞，尽情发挥想象力。

· 绘画

绘画可以充分表达孩子的想象力。

画画前，先和孩子谈论今天想画什么，围绕这一主题展开丰富的想象。通过谈论可能会构思出奇特、新颖的作品来，充分调动了孩子画画的积极性，经过充分讨论后，再动笔画。要鼓励孩子大胆作画，勇于尝试，充分发挥自己的想象力，愉悦随意地涂鸦。

孩子会在绘画作品中将自己的意愿、想法、爱好和生活经验，也就是将自己头脑里的"生活素材"充分而又充满感情地表达出来。孩子的绘画作品不要光看画得好不好，还要听孩子讲一讲，孩子的画，往往是讲得比画得好，其中充满天马行空的想象。

③自己的事情自己做。

经常动手操作的孩子想象力更丰富。随着年龄的增长,孩子会有更加主动地参与做事的愿望,在动手操作的过程中会想办法自己解决问题。自己动手做事越多,积累的经验就越多,解决问题的思路就越广。

家长要引导和鼓励孩子自己的事情自己去做,比如自己吃饭、如厕、脱衣穿衣、收拾整理玩具物品等等。

想和做是分不开的,孩子在动手做事时,大脑也在动。经常做家务可以提高孩子的动手能力、生活自理能力,提高想象力。

④游戏促进想象力发展。

孩子每天都在玩。游戏是孩子的基本活动,玩具材料为想象提供了物质基础。玩具容易再现过去的经验,触景生情,引起大脑皮层旧的暂时神经联系的复活和链接,使想象处于积极状态,展开各种联想。孩子的想象力是在各种游戏活动中逐渐发展起来的。

提供丰富的游戏材料,促使孩子利用材料产生相应的想象。在游戏过程中,孩子可以通过扮演各种角色,发展游戏情节,激发丰富的创造想象。如孩子玩"过家家"的游戏,怀里抱着布娃娃时,会把自己想象成爸爸或妈妈的角色,模仿爸爸妈妈的语气说话、做事,这些游戏过程能够激发孩子的想象,促进想象力的发展。

家长积极地参与到孩子的游戏活动中,在参与的同时适当地给予引导。如和孩子一起搭积木、利用饮料瓶做手工、自制体育活动的小沙袋等等。这些手脑结合的活动能够充分发挥孩子的想象力,让孩子对游戏活动产生兴趣、体会成就感。

⑤提问可以激发想象力。

多做益智动脑练习。可以和孩子玩猜谜语、智力问答、语言接龙等游戏。孩子能够顺利回答时,家长要进一步提问,引领孩子做深入想象和思考；孩子回答不出时，家长要耐心地启发、引导，和孩子一起查找相关资料，找到问题的答案，激发孩子求知欲望，拓展知识面，培养孩子对未知的领域保持强烈的好奇心。

知识是有限的，想象力是无限的，要鼓励孩子多接触事物，多观察事物，加深对事物的理解，引导孩子不断探索未知，展开对事物本质的思考，为想象力的发展做好准备。

（5）培养注意力

注意是心理活动对一定对象的指向和集中，是伴随着感知觉、记忆、思维、想象等心理过程的一种共同的心理特征。注意有两个基本特征，一是指向性，二是集中性。注意力是记忆力的基础，记忆力是注意力的结果。

注意力对观察能力、记忆能力、思维能力、想象能力和执行能力起辅助作用。如果没有注意力，其他能力活动就不易进行。

幼儿的注意力不稳定，很容易受外界新的、感兴趣事物的影响，不能专门注意某种事物。幼儿神经系统的发展还不完善，自制力差，有意注意正在逐步发展，无意注意就占了优势。新的、有兴趣的事物可以引起幼儿分心，也可以吸引和集中幼儿的注意。

注意力不集中、易分心，是很多孩子都有的特点。年龄越小，控制注意力的时间越短，这是由于孩子的神经系统还处在发育当中，注意力不集中这种情况将随着年龄的增长逐渐好转。在活动、游戏中，要因势利导，培养稳定的注意力。

①创造安静的活动和游戏环境，避免分散注意力。例如，不要有嘈杂声，不要有眼花缭乱的墙饰等。

②游戏活动的内容、道具要能吸引孩子精神集中。

③游戏活动要声情并茂，智力活动和感官活动相结合，让孩子手脑并用。

④利用新奇好玩的游戏方法，吸引孩子的注意力。

注意一般分有意注意和无意注意。有意注意是一种自觉的、有目的注意，需有一定的意志努力才行。而无意注意，是无目的，不需意志努力。各种知识的获得与以上两种注意有直接关系，有意注意起主要作用。

孩子能将注意集中在感兴趣的活动上，属于无意注意，不需要意志控制；注意不感兴趣但必须注意的对象上时，属于有意注意，需要意志控制才能完成。进行有意注意的培养，对孩子未来学习、工作非常重要。注意力发展好的孩子上学后，上课、做事专注度高，学习成绩好。孩子学习不好的主要原因，就是上课注意力分散，听课不全。做事不够专心，成绩当然就被落下。

婴儿的注意以无意注意为主。

①爸爸妈妈和经常照顾孩子的人最容易引起孩子的注意，所以这些人要多逗引孩子，多抱抱孩子，多和孩子轻声说话。

②给孩子准备的玩具、材料，尽量选用活动的（动态的物体更能吸引孩子的注意）、色彩鲜艳的（容易引发孩子愉悦的情绪）、图案简单优美的（便于记忆）。

③看玩具、材料时，要距离孩子近一些，避免其他视觉干扰。同时要反复告诉正确的名称，帮助孩子建立正确的概念。

④和孩子讲话的时候，语速一定要慢，并把出示的玩具材料在孩子的视线中停留一段时间，让孩子看清楚。

1岁以后，孩子逐步理解了一些词汇的意义，可以用语言制约注意活动了。3岁，注意活动开始有了注意性和持久性，在家长的要求下，可以有目的地注意观察事物。

· 培养注意力的方法

①有趣的故事，能够提高注意力。

孩子都喜欢听家长讲故事，有趣的故事能够吸引孩子的注意力。在选择故事内容时，要新奇有趣、有教育意义，情节不要过于复杂，篇幅不要太长，最好是针对自己孩子特点，符合孩子身心发展需求的内容。

家长讲故事时要看着孩子讲,声情并茂,抑扬顿挫,配合适当的表情、动作等的表演,这样孩子才会有身临其境的感觉,吸引孩子集中注意力听故事。

孩子能够听懂故事,并有一定的词汇储备后,家长可以在孩子听故事前提问,让孩子带着问题去听故事,听完后说一说:"故事的名字是什么?""故事里都有谁?""故事讲了一件什么事?"等等。对于语言发展较好的孩子,可以试着复述故事的内容。这样听故事更有目的性,对集中注意力非常有帮助。

②游戏活动促进注意力发展。

游戏符合孩子的身、心特点,是孩子最喜欢的活动,玩起来积极性很高。

a. 按照特点找玩具(颜色、形状、用途),在一大堆玩具中找出具有某个特点的玩具。

b. 在规定的时间内把一页图中的物品记住,然后合上书让孩子说出图中都有什么。

c. 拼图、下棋、走迷宫、玩扑克、搭积木、拼插玩具等动手操作游戏。

d. 词语接龙、传口信、什么东西不见了等语言游戏,都能够很好地锻炼孩子的注意力。

③布置简单的任务。

a. 给孩子安排简单的任务,如带孩子去动物园之前,给孩子安排任务:"今天想看到什么动物?""它们长什么样子?"等简单的问题,回家后要讲给家长听。孩子外出时就会带着问题去注意观察,同时培养孩子的语言能力和逻辑推理能力。

b. 帮助做家务,做家长的小帮手。让孩子帮助家长拿各类小东西,从一件到几件不等,要求在一次往返中完成。如:"请你帮我拿一个苹果、一根香蕉、一张纸巾。"

c. 传口信（从简短、简单的到长一些、复杂的语句）。随着孩子注意力的发展，能够学会分配注意力，很好地完成家长交给的任务。

④培养兴趣，提高注意力。

兴趣是智力活动的巨大动力，是人们进行求知活动的重要心理因素。浓厚的兴趣是注意的前提，有了兴趣，才能在大脑皮层形成兴奋中心，使注意力高度集中。

孩子会对好奇的、感兴趣的事物给予优先注意和积极探索。遇到自己比较感兴趣的事物，就会集中注意力，认真地观察、细心地完成任务。孩子如果对绘画感兴趣，他就会留意观察各种事物的外形特点，会花费很长时间集中注意力来画画。当孩子遇到自己不感兴趣的东西，就容易分心走神、粗心大意。所以培养兴趣，是提高注意力的有效方法。

⑤多鼓励，避免不良情绪影响注意力。

情绪是重要的非智力因素，积极的情绪能提高孩子的注意力。孩子年龄小，缺乏自制力，容易兴奋，容易激动，不善于控制自己的情绪。

不要干扰孩子做事情。当孩子专注于做他喜欢的事情时，家长要耐心地等他把"工作"完成。孩子沉浸于他感兴趣的事情时，就是在无意中培养自己的注意力。家长可在孩子做完他们的"工作"之后，给予孩子鼓励："你真棒，做得太好了！"并及时和孩子分享成功的感受，让孩子把做这件事时的注意力和良好的情绪体验继续迁移到做其他事情中去。

注意力决定了人信息采集、信息处理、信息加工的能力。婴幼儿期是孩子认识世界的关键时期，家长要了解孩子注意力发展的规律，有针对性地培养注意力。

(6)培养判断力

判断，是思维的基本形式之一，是对事物或行为的肯定或否定，或指明它是否具有某种属性的思维过程。幼儿判断和推理的发展，是抽象逻辑思维的表现。

判断力就是做选择的能力。是一个人诸多能力的综合，包括感知能力、记忆力、推理力等等。它展现了一个人长期所形成的习惯性的常识判断。

判断力是由一个人的知识、经验积累决定的，随着接触范围不断扩大，生活经验更加丰富，孩子的判断力在不断发展。

培养判断能力，就要懂得概念的含义。概念，是指反映客观事物的一般的、本质的特征。人在认识过程中，把所感觉的事物的共同特点抽出来，加以概括（归纳）就成为概念。如从红花、红枣、红灯等事物里抽出共同特点，都是红颜色的；有各种颜色的小木块的共同特点，是木头做成的。

·培养判断力的方法

①扩大眼界，不断丰富知识面和社会经验，加深对各种事物的认知。有知识，是准确判断事物的基础。

生活中，要让孩子亲自看一看，听一听，摸一摸，尝一尝，闻一闻，试一试、玩一玩，从事物的多方面去感知，做到对事物的全面了解。

②平等、和谐的家庭氛围。家庭环境和氛围，对培养孩子独立思考和判断能力产生重要影响。

家庭成员之间要和睦相处，平等对待，遇事尊重礼让，共同商量，避免专制，让孩子在平等、和谐的家庭气氛中长大。

尽量多给予孩子发表看法的机会。要耐心对待、积极引导，欣赏孩子的想法、鼓励孩子的做法，在宽松自由的家庭气氛中，孩子才能有独立、开放、活跃的思维，从小形成独立、正确的判断。

③比较训练。判断有肯定与否定，如对与错、好与坏、多与少、快与慢等。引导孩子比较事物的差异，分辨事物之间鲜明的本质区别。比较事物异同的过程，是归纳分类的前提，更能突出事物的本质，有效地促进正确概念的形成。

④让孩子自己拿主意。凡是孩子自己能做的事，家长就不要替他去做。

日常生活和游戏中，孩子经常会面临一些抉择，需要自己做决定，家长要耐心地等待孩子经过思考后再做出自主决策。家长还要为孩子创造自己独立判断的机会。在生活中，遇到事情多问问孩子的想法，比如让孩子自己选择要玩什么、要吃什么、决定穿什么衣服等等。

在孩子缺乏分析能力，不能正确进行判断时，家长可以给孩子提供适当的帮助。比如示范做法、查阅资料、共同讨论等，引导孩子做出正确的判断。

⑤培养口语表达能力，引导孩子将生活中的所见所闻用词语加以概括。

平常生活中需要判断的事物有很多。例如：

这是小狗、那是小猫；这是苹果、那是西红柿；

分辨各种颜色，辨别远近、高矮、长短、宽窄、大小等的差别；

有了初步的审美观点，懂得好与坏、对与错、美与丑；

按信号灯走路，是遵守交通规则，多个小朋友玩滑梯要排队，是讲规则的好孩子等。

⑥多做运用概念的练习。

运用是真正理解和掌握的标志。家长要经常向孩子提问，让孩子来回答，锻炼孩子的理解、判断能力。判断是额叶前区、前头极大脑皮层的一个功能。经常进行判断，可使大脑受到锻炼。

判断，对任何人来说都是重要的。准确地判断，有利于我们掌握事物的发展趋势，做出正确决策。当我们对自己的生活、工作、学习等各方面的事情都有了准确的判断后，能够清晰地看到事物的真实本质，会把握更多的机会，更容易收获成功。

（7）培养动手操作能力

婴幼儿时期是躯体大动作和双手精细动作发展的最佳期，动手操作是认识事物，探索世界的重要途径。孩子的手越灵巧，大脑就越聪明。

双手活动时，指头上的神经细胞会随时将信息传递到大脑，手指的每一个运动都在刺激大脑中的手指运动中枢。反过来，经大脑分析、判断、发布指令，大脑的运动中枢调动了手指的运动。正是大脑活动和手指动作反复作用，形成了手脑互相促进的循环。因此训练孩子手的灵活性是开发大脑潜在机能、培养聪明头脑的重要方法，从小培养孩子的动手操作能力非常重要。

动手操作能够促进身体发育、智力发展，而且还有助于增强孩子的自信心、养成积极乐观的性格、体验到做事的乐趣。

游戏活动是提升孩子动手操作能力的重要方法。在游戏活动中孩子的感觉、知觉、注意、记忆、思维、想象都在积极活动着，双手不停地摆弄玩具材料，积极解决游戏中出现的各种问题，这使幼儿思维活跃起来，有效地促进幼儿的注意力、记忆力、思维力、想象力的发展。

·培养动手操作能力的方法

①自己的事情自己做，教会孩子做力所能及的事情。

a. 从日常生活中的小事做起，比如自己吃饭，自己穿脱衣服，自己收拾整理玩过的玩具等。

b. 在家长的指导下，做一些简单的服务他人的劳动，如帮家长择菜、饭前摆碗筷、用抹布擦桌子等。家长要放手、鼓励、指导孩子尝试去做身边力所能及的事情，提高动手操作能力。

②多带孩子到自然环境中玩耍，发展孩子的动手操作能力。

自然界的万事万物各具特色、变化无穷,对于好奇好动的孩子来讲,充满了积极、主动探索的欲望。

孩子喜欢玩沙、玩水、玩泥,沙、水、泥等免费的自然材料,可以任由孩子自由摆弄,做成城堡、小动物的家、隧道等,是发挥想象力、创造力最理想的自然材料;草丛中的蚂蚁、昆虫,空中飞的蜻蜓、蝴蝶,树上的蝉、天牛、毛毛虫等等,更是孩子观察、研究的对象。

孩子在玩中取乐,乐中探究,在玩的过程中,发现新事物、新问题,想办法解决问题,发展了观察力、想象力、创造力和动手操作能力。

③提供丰富的操作材料。

a. 给孩子准备一些废纸让他撕,买一些彩笔供他画,准备积木、拼图、七巧板、拼插玩具等让孩子动手拼装。

b. 大一些的孩子可以玩串珠子游戏、用筷子夹海绵球、系扣子、鞋带穿洞等活动,还可以玩折纸和剪贴游戏。

鼓励孩子多看、多听、多想、多玩,关键是多动手尝试操作。发展幼儿手部肌肉动作的协调性、灵活性以及手、眼、脑的协调性,提高孩子的动手操作能力。

(8)培养口语表达能力

口语表达能力是指用口头语言来表达自己的思想、情感，以达到与人交流目的的一种能力。在日常生活交往中，人们更多的是使用口头语言，所以，口头语言起着更直接、更广泛的交际作用。

2岁孩子能听懂很多话，会说一些话，能够进行简单的交流。3岁孩子能听明白对方说话的内容，也能将自己想表达的内容，明白地说给对方听，能清楚地用语言表达交流。

培养孩子语言表达能力，重点是增加词汇量（大脑词汇网络作用）、发音正确（大脑的词素网络作用）和运用词汇交流（大脑框架网络作用）。

增加词汇数量，能够促进语言表达能力的发展。句子的组成，需要大量的词汇，家长及时指导非常重要，没有指导，孩子不可能增加词汇，所以家长要不断地指导孩子掌握更多词汇。

虽然孩子面对外界大量的新事物信息，但不知道这些事物的名称、用途。这是因为，外界信息输入大脑后，大脑中原来没有存储相关的词汇样本与之匹配，无法比对，所以不能认知。

只有家长教给孩子事物的名称（词汇）后，大脑存储了这个事物的名称样本，孩子再看到有同样事物信息输入时，才能在大脑中调出样本，与之对比识别，并反馈输出被认知的事物叫什么名称（词汇）。这一认知过程，就是词汇认知的过程，从中看出家长的指导非常重要。即孩子感知到的信息，只有经正确指导后才能成为知识（早期孩子的知识，表现为事物名称词汇的积累等）。

在语言发展的关键期，孩子对外界的声音（听觉信息）刺激特别敏感，容易接收外界的语言词汇信息。听觉信息进入大脑，经大脑语言中枢处理后就成为知识。

例如，一个苹果第一次出现在孩子面前，孩子不认识苹果，这时家长要及时告诉孩子苹果的名称，还可以给孩子尝一尝苹果的味道。苹果的外形、颜色、气味、味道、名称等信息（利用多种感官全方位感知事物）输入大脑，经大脑录入信息、识别、匹配处理后，大脑完成了对苹果的认识，存储在大脑的语言区，成为样本。再一次看到苹果时，信息传入大脑，大脑寻找匹配的样本进行比对，匹配成功，孩子会利用已有的知识经验知道这是苹果，回想出苹果的气味、味道、颜色、外形等特点，并叫出名称。

孩子每时每刻都会通过感觉器官感受接收到众多信息，但是没有都变成知识存储起来，当一件新事物出现时，必须经过指导，形成存储在大脑中的信息样本，这样才能把输入大脑的信息变成知识。

家长要给予正确、标准的发音示范，并对孩子不正确的发音及时进行纠正。汉语发音中有些易错的平、翘舌发音如 z、c、s、zh、ch、sh、r，家长要注意孩子的发音，引导孩子正确发音。

孩子刚开始说话，人称代词（你、我）容易混淆，要耐心地给予纠正和正确示范。

孩子对于文法的讲解不容易懂，家长平常说话时，要正确示范并及时纠正孩子文法上出现的错误，千万不可觉得好玩而重复孩子说的错误句子。随着年龄的增长，不管是哪种语言的语法，孩子会有自动纠错的能力，甚至别人说错的也能给纠正过来。

学习语言的关键期：0~3岁是孩子语言发展最快、也是最为关键的时期，在这一阶段语言发展的速度最快，孩子非常渴望与周围的人交流。父母要抓住孩子语言发展的关键期扩大知识面，丰富词汇量，教给孩子正确发音，引导正确运用语法，培养愿意表达的兴趣，鼓励孩子多说、敢说、会说。

培养孩子的语言能力，是发展口语表达能力的前提。

· 语言发展的几个阶段

①1岁以内是语言的准备阶段，从咿呀发声到能听懂简单词义。婴儿8个月时，发声练习达到高峰，会尝试改变音量和音词来模仿真正的语言。

这一时期最重要的是储备大量的语言信息。

a. 父母不要认为刚出生的婴儿还不具备语言功能，就忽视对孩子的语言刺激。实际上刚出生的婴儿已具备相应的听觉、视觉、触觉等感觉功能。在孩子的房间里悬吊、摆设色彩鲜艳的、能够活动、带有轻柔声音的玩具，吸引孩子循声追视。父母可以拿着玩具等物品慢慢移动，吸引婴儿注意追视，并反复说出物品的名称，还可以让孩子用手摸一摸，利用多种感官感知物体，建立词汇的概念。

b. 多和孩子说话，逗引孩子发声。孩子发出应答的声音时，家长要停顿下来，专注地聆听，鼓励孩子继续这样"交谈"。这种语言交流对刺激婴儿神经系统的语言加工能力是很有必要的，也为今后说话打下坚实的基础。

c. 随着月龄的增长，孩子逐渐理解家长对他说话的含义，平时做事的时候可以边做边讲给他听，还要多给孩子读故事。

②1~1岁半为单词句阶段，孩子会用一个简单的词汇代替，表达自己的想法，并伴以动作和表情。这一阶段，孩子语言表达特点是以词代句、一词多义、重叠发音、以音代词。

这一时期最重要的是多听、多看、多模仿、多体验，做好词汇储备。

多跟孩子说话。孩子学习语言的基础是模仿，多跟孩子说话，让孩子熟悉语言，对语言保持高度的敏感，这是培养孩子口语表达能力的基本方法。

a. 找孩子容易理解的话题，积极与孩子交流，并认真回答孩子提出的问题。和孩子说话时，要语速缓慢、吐字清晰、语句简短、表达完整，适时重复或在强调重要字句时加重语音。

b. 教孩子认识自然环境中的事物以及生活中的用品和玩具。经常带孩子到户外去观察周围的环境和事物，边看边讲解，把一路的所见、所闻、所触摸的各种体验都清楚地指教给孩子。通过教孩子认识这些物品的名称及用途，描述它们的形象、颜色、感觉等特点，让孩子开阔视野、增长知识、积累词汇；在家中，可以把日常用品和孩子经常摆弄的玩具逐一介绍给孩子，帮助积累词汇。

c. 大量阅读也是增加词汇的好方法。家长可以教孩子念儿歌、诗歌，读绘本等。儿歌、诗歌语句押韵，朗朗上口，孩子喜欢随家长一起大声朗读。反复朗读熟悉后，家长可以读每一句的开头，留两个字等孩子自己读。这样可以提高孩子的成就感，激发孩子说话的兴趣。

读彩色绘本。彩色绘本是有色彩的大图故事书，家长可运用这些图画，训练孩子的语言思维能力。家长和孩子一边看图画，一边讲解故事内容，孩子爱听可以反复地讲，熟悉故事内容后，家庭成员可以分角色进行表演。一家人表演故事可以在愉悦的气氛中加深对故事内容的记忆，提高孩子理解能力和口语表达能力。

③1岁半到2岁为多词句阶段，词汇量迅速增加，能用两个或者三个不相关联的简单词汇代替，表达自己的想法。

这一时期最重要的是教孩子正确发音，增加词汇量。

a. 此时，孩子的运动能力增强，好动。对新鲜事物充满好奇，见到什么都想看个究竟。爸爸妈妈要满足孩子的好奇心，多和孩子交流，和孩子一起做游戏。

b. 主动介绍、讲解孩子看到的事物。遇到孩子见过、知道的事物，家长可以提问："这是什么?"用问答的形式来复习巩固孩子已有的词汇。孩子能够多说出一个字或词时，要及时给予肯定和鼓励，帮助孩子建立说话的兴趣和信心。

这个阶段，孩子会说的话不多，但是能理解的词汇却有很多，孩子学习语言的速度飞快，词汇量迅速增长。所以家长在与孩子相处时，尽量多说，更多地刺激孩子的大脑。

c. 多带孩子到郊外、户外、公园，了解、认识自然环境中的景物、植物、动物等。鼓励孩子与人交往，多看、多听、多交谈。丰富孩子的视野，储存更多词汇量。

d. 孩子学习发音的主要途径是模仿家长，父母要做到放慢语速、口齿清晰、声调温和亲切、发音正确，为孩子做出正确的示范。

④2~3岁为简单句阶段，词汇量明显增多，会运用逻辑性较强，含有主语、谓语的简单句子，喜欢提问。

家长要积极创造语言交流的环境，引导孩子用长句表达自己的想法，同时也要鼓励孩子大胆、大声地在众人面前说话。

这一时期最重要的是丰富词汇，正确理解词义，学说简单句子。

掌握词汇量的多少，直接影响语言水平和认识能力。所以，理解词汇、积累词汇是关键。每个词汇代表一个概念，每个句子都反映客观事物的关系。积累词汇数量越多，表示大脑中存储的概念词汇越多，说明孩子的概括水平在进步。

a. 和孩子说话、讲故事的时候，语音和语法要正确、语言简洁、句子完整。家长要有意识地多和孩子交谈，让孩子经常有机会进行说话练习。可以用提问的方式问孩子："这是什么?""那是什么?""要哪一个?""想玩什么?""想吃什么?""想去哪里?"让孩子回答。对孩子说话时，要多用启发、鼓励的语言。

b. 复述说话内容是最简单、有效的方法，可以随时随地进行。家长对孩子说话，然后停顿下来，等着让孩子复述一遍。语句由简单的短句到复杂的长句子，难度可视孩子的实际发展水平而变化。

c. 反复讲过的故事，让孩子试着复述。选择图多、句子少，情节简单有趣的绘本讲给孩子听。孩子爱听的故事可以反复讲，孩子熟悉故事内容后，尝试让孩子将故事的内容和情节复述出来。还可以家长和孩子一起分角色表演，表演的内容可以是原来故事中的对话，也可以自己做导演、编剧，自编对话内容。

d. 引导孩子多观察，多提问。观察，可以扩大视野、增长知识、增加说话的内容。观察要全面、仔细，同时介绍观察对象的名称、特点及用途。在这个过程中，对新词汇要重点给予介绍，并教会正确发音。还可以针对观察对象提出一些话题，和孩子一起谈论，锻炼口语表达能力。

e. 培养孩子的口语表达能力，就要提供更多的机会让孩子多说多练。如外出游玩回来，和孩子一起讲述所见所闻。练习从单词的使用到句子的表达，逐渐能够创造性地组织语言。

孩子学习语言，是从听开始，进展到模仿阶段，再逐步到单字，最后一直要到3、4岁甚至5、6岁，才能说出流畅的句子，表达完整意思。

在语言发展上存在着明显的个体差异，速度不尽相同，有的快有的慢。到入小学前，在掌握一定语法规则的情况下，基本能达到说话完整、连贯、有序、有层次。语言发展好的孩子，说话生动富有感染力。

19 | 培养智力的特殊能力

(1) 培养婴幼儿的绘画能力

绘画与发展观察、记忆、思维、想象、语言、动手操作能力关系密切。在绘画中，孩子通过对实物的观察、比较、记忆，发展认识能力；通过分析、概括、取舍，发展思维能力；通过联想、虚构，发展创造能力；通过绘画过程，发展动手操作能力；通过讲解自己的作品，发展口语表达能力等。从而刺激大脑，使大脑发达、提升智力。

3岁前孩子处于涂鸦阶段，即开始时只能画一些简单的点、线、圆圈等，称之为涂鸦；渐渐从无意识涂鸦到有意识表现，然而仍看不出具体形象；接着发展为象征符号，表达直观感受。孩子天性就喜欢乱涂乱画，把乱涂乱画作为一种自由的游戏活动，来表达自己的心情，绘画使孩子好动、好奇的特点得到了极大的满足，符合孩子的天性，通过绘画活动能生动形象的表现客观事物，促进幼儿思维、情感等方面的发展。

绘画工具准备：粗麦克笔一支、水性笔一支、蜡笔一支、画纸。画笔颜色不限，让孩子选择喜欢的一支，不同的画笔，可以让孩子感受线条粗细的差别。使用单一颜色、粗线条的绘画工具，可以节省时间，因为孩子注意力集中的时间比较短。可尝试用彩色纸作拼贴画或直接用有底色的彩色纸作画，增加孩子绘画的兴趣。

2岁以前，孩子的绘画只是无意识的手臂反复运动的结果，是无意义、无

内容的画线时期,以纯运动感觉活动为兴趣中心。在涂抹活动中,他们感到新奇好玩,乐于尝试,还没有想画什么的想法。不管孩子怎样画,家长都不要干涉,更不要强迫孩子按照父母的意愿去做。鼓励孩子按照他自己的想象去表现,去创造。涂画,促进了手、眼、脑机能的协调发展,为以后绘画、写字打下兴趣基础。

2~2岁半是绘画象征期,孩子会对自己涂鸦出的作品加以描述、解释或命名,如这是"车"、那是"妈妈"等等。在绘画的过程中,孩子会把自己的画和想象结合起来,促进思维的发展。这一时期,孩子还不能画出物体形状的特征,只是把自己画出的形象命名为想象的物体,不是想什么画什么,而是画什么想什么。孩子可通过画的过程及对作品的讲解,提高对周围事物的观察力,发展口语表达能力。

2岁半至4岁是图形阶段,想象力有了很大提高。绘画作品中,出现了真正的人物形象,可以在圆圆的头上画出向上长的头发,用单线条或双线画出身体,四肢用四根细线条表示,作品涂色的色彩与事物的固有色彩无关。

要鼓励孩子仔细观察事物的形状、构造和特征,想一想,然后再画。家长要经常给孩子鼓励和赞扬,培养绘画兴趣。孩子只有在心情愉悦的环境中进行活动,注意力才能集中,才会更富有想象力。

·培养孩子绘画的方法

①吸引孩子来画画,家长铺好画纸、准备好绘画的笔,孩子就会过来玩玩"新玩具"。1岁左右的孩子不是有意识来画画的,他会攥着笔杆敲打画纸,孩子看到笔和画纸之间发生的变化会非常高兴,感觉到有趣,就会经常来画,还会把自己的涂鸦作品留在墙上、门上、家具上、自己的衣服上,孩子从此喜欢上绘画。

孩子的画,不能用画得像不像来评判,孩子会用点、线、圆等各式图样表现自己心中的生活经验,画面上有的圈圈代表的是妈妈,有的圈圈代表的是玩具车。

孩子的画是需要讲的。家长往往看不懂画的内容,孩子讲得比画得好。要让孩子来讲一讲他画中所画的内容,家长要认真地听孩子讲述,还可以问一问:"这是什么?他们在做什么?"听到孩子的解说后要给予肯定和鼓励:"你画得真好!"理解、尊重他讲述的内容。

为了记录下孩子绘画成长的历程,建议在孩子作品的边上加注文字说明和绘画日期。

②认识颜色,从孩子出生起,就要训练孩子感知和分辨颜色。可以先看黑、白色卡,吸引孩子注意,再看红、黄、绿、蓝等颜色的卡片或玩具,根据认知情况继续识别其他颜色。涂色时不要限制孩子涂实物的固有色,让孩子大胆发挥想象,随意涂色。

③提供多感受、多体验、多观察的机会。例如,通过观察蓝天、白云、小鸟、大树、树叶、昆虫、蚂蚁、四季变化等,积累感性认识,丰富作画素材,体会事物之间的关系。回家后,孩子把看到的、亲身经历到的表现在画纸上,作品内容会非常丰富,讲解也会滔滔不绝。孩子通过亲身体验,才能画得更生动逼真、富有情趣、充满情感,体会到其中的愉悦,增加自信心,对绘画产生兴趣。

④美术欣赏,欣赏名画,引导孩子感受经典。

创造条件,萌发孩子对美的体验。孩子的年龄小,选择美术欣赏的内容最好是浅显易懂、贴近生活、色彩鲜艳,形象优美,内容丰满的名家名作。通过观察大师的杰作,使孩子发现美、感受美,从而大胆想象创作出美的绘画作品。

如梵高、米罗、卜劳恩、齐白石、韩美林等等大师的作品,还可以欣赏优秀的儿童画。将这些作品贴在孩子能看到的地方(婴儿房间、走廊),经常抱着孩子一边看,一边讲解画面内容、色彩等,在潜移默化中欣赏名家名作。

⑤提供童话故事、儿歌等丰富有趣的艺术素材。

经常给孩子讲幽默风趣、充满新奇与想象的童话故事,教人向上、科普知识、传承经典、有教育意义的故事,易记好学、琅琅上口的儿歌。

如格林童话、安徒生童话、寓言故事、民间故事、科普故事、经典传统文化、童谣、儿歌等等,扩展知识面,再让孩子根据想象来画一画。

⑥多表扬鼓励孩子。

绘画对于孩子来说就是一种游戏,不要在意画得像与不像。孩子都喜欢画画,要鼓励孩子大胆自由地画。作品完成后,耐心地听孩子讲一讲自己的画,及时表扬绘画中的小亮点,由衷地肯定、鼓励、赞扬。孩子在得到家长的鼓励和支持后,会感到自己的画画得很好,对绘画的兴趣更浓,更加喜欢画画了。孩子对绘画产生了兴趣,绘画能力就会渐渐提高。

(2)培养婴幼儿的音乐能力

音乐能力是智力的一种特殊能力,是指察觉、辨别、改变和表达音乐的能力。音乐能力包涵:音乐感受力、音乐的节奏感、音乐记忆和表现能力。

音乐感受能力,包括音乐听觉和情绪感受两部分。

音乐的节奏感,音乐中有些声音的强弱和时间长短有周期性规律的变化,构成音乐的节律。

音乐记忆和表现能力。人们能够学唱歌曲,听到旋律马上就想起这是什么歌,曾在哪里听到过,这些都是音乐记忆。音乐表现能力是孩子将音乐审美的内在情感体验通过外部情态来展现的能力。

音乐激活区遍及大脑。听觉器官把声音信息输入大脑，初步处理音高、时程、响度和音色。高一级的神经中枢把这些信息汇集在一起，然后把它们结合为旋律、节奏、速度、节拍。最后形成乐句和整个乐曲。

音乐感受的产生，对成人而言，大体上是一个自然而然的过程，而对孩子来说，则处于发展中，所以音乐欣赏对发展孩子的音乐能力起到了关键作用。

音乐不但对脑部有刺激影响，也有助于肢体的协调和平衡，训练记忆力、听力、语言和节奏感，提高对外界环境敏锐的感知力，形成积极主动的探索心理、愉快的心境、活泼开朗的性格，促进注意力、记忆力、想象力、思维力、创造力的发展。

音乐对智力发展起着至关重要的作用。从孩子出生开始，经常给他听优美的音乐，能使孩子在音乐艺术之美的熏陶中愉悦情绪、促进听觉发展。唱歌、表演、舞蹈等活动，符合孩子活泼好动的特点，是孩子喜欢的艺术活动。在这些活动中，家长要尽可能地陪同孩子一起跟着音乐的节奏歌唱、跳舞、欣赏音乐，引导孩子关注音乐的节奏、音色、旋律的起伏、音乐的情绪，鼓励和带动孩子充分表达自己的感受，培养对音乐的兴趣。

孩子天生就喜欢音乐。播放音乐时，孩子会高兴得手舞足蹈，随着音乐节拍晃动小手、扭动身体。他们能感受到音乐的节奏，沉浸其中。孩子对声音刺激非常敏感，即使是噪声，也能引起注意。

在孩子的小床周围挂一些色彩鲜艳、具有不同音响的玩具，玩具所挂高度以孩子手能触及为佳，让孩子随意摆弄并发出声响。

孩子能够辨别亲人说话的声音，从声音中辨别人们表达的不同感情。家长要经常有意地在不同的方位向孩子发出声响，吸引孩子寻找声源，训练孩子的听觉。如在孩子身边轻声叫他的名字、晃动有声玩具等。要注意发出的声音不宜过大，避免伤害孩子稚嫩的听觉器官。

关键期早开发是培养音乐能力的重点。孩子出生时，大脑即处于发育最旺盛的阶段。所以，培养孩子的音乐能力也是越早越好。发展孩子的音乐能力要从培养乐感（节奏感、音高）和对音乐的兴趣入手。

孩子听力发展的关键期是0~3岁，要及早把握听力关键期进行培养。要为孩子创设良好的音乐氛围，日常生活中处处有音乐，随时都能听到优美的音乐，可以是古典音乐、交响曲、儿童歌曲或器乐曲。除了一些格调高雅的音乐外，自然界中、日常生活中无处不在的各种声音都是音乐元素。

家长要创造条件尽量让孩子熟悉各种声音，倾听各种曲调，多听、多感受各种声音：大自然中的风声、雨声、海浪声、流水声等；小鸟、昆虫、狗、猫、青蛙、鸭子等小动物的叫声；生活中的车笛声、人们说话声、锅碗声、电话铃声、手表嘀嗒声；各种乐器的声音等等。尽可能多地为孩子提供各种音乐素材，让孩子对音乐广泛接触，将来才会有兴趣去主动欣赏和享受各种不同风格的音乐。

·适合婴幼儿时期听的音乐

①乐曲，孩子对节奏感较强的音乐比较敏感，会做出强烈的反应。这一年龄段的孩子适合听小夜曲、摇篮曲、抒情歌曲、小步舞曲、圆舞曲、节奏欢快的各类儿童舞曲，也可以听世界著名大师的钢琴小品、器乐小品等作品。

选择节奏舒缓、旋律轻柔的音乐作品，以适中的音量播放给孩子听。听音乐的时长以15分钟为宜。孩子喜欢听熟悉的旋律，家长可以在一周内反复播放2~3首乐曲，下周再换2~3首乐曲。这样有利于孩子熟悉乐曲，增强听觉记忆力，提升音乐欣赏力。

②儿童歌曲，可以选择一些接近孩子生活经验的短小精悍、易记易唱、朗朗上口的歌曲，这些音乐作品更容易被孩子理解、喜爱并模仿。像《小燕子》《拔萝卜》《小兔子乖乖》《一群小鸭子》《蜗牛和黄鹂鸟》《数鸭子》等深受孩子欢迎的经典儿歌。学习儿歌时，家长和孩子一同学习、一起唱歌、一起跳舞、一起表演，这样不仅有利于亲子感情交流，也增加了孩子学习的

兴趣。

要注意,孩子不适合听节奏感太强、太过动感刺激的音乐,也不适合听悲伤的音乐,不要给婴儿听立体声音乐,更不要让孩子用耳机听。给孩子听音乐时音量尽可能地调小一些。

· 练习音乐节奏有方法

节奏是音乐的骨骼。节奏每时每刻都存在于我们的生活之中。

①拍孩子睡觉。孩子要睡觉时,播放舒缓的小夜曲和摇篮曲,也可以由家长哼唱,家长轻轻地唱,轻轻地按节奏拍孩子,直至孩子睡着,就是简单的节奏训练。

②抱着孩子随音乐跳舞。家长抱着孩子随着音乐的节拍轻轻地跳舞,或在音乐声中按照节拍与孩子一起拍手、一起唱歌、一起玩耍。让孩子熟悉节拍,体会节奏,感受到音乐与生活的联系。

③我们的身体也是能够发出声音的天然乐器,可以利用身体为音乐打拍子,练习节奏。拍手练习节奏对于锻炼听力,提高大脑对身体动作的控制能力,增加动作的协调性非常有利。

拍手是最简单、最常用的好方法。很小的孩子就能完成两手对合互相拍的动作，稍微用力双手就能拍出声响，孩子感到高兴时会用拍手的方式表达内心喜悦。听到音乐时，也会开心地随音乐节拍拍手，培养节奏感可以从拍手开始。

播放节奏感比较强的音乐时，家长和孩子一起听音乐，双手对合、分开打拍子，也可以握着孩子的小手打拍子。听两遍后，家长和孩子对面坐，让孩子模仿家长的动作，一同随音乐节奏拍手。

④从孩子会站稳时，家长就可以和孩子一起听歌曲、为歌曲打节奏并进行表演游戏。如《假如幸福的话，你就拍拍手》等歌曲，歌词内容可以按照自己的需要调整、改词，鼓励孩子自由选择身体的任何部位为乐曲打节奏、表演，做出有节律的动作。如拍手、拍脸、拍肩、拍头、拍肚子、拍屁股、拍胳膊、拍腿、跺脚、转圈、点头、大声笑等等，在表演中感受音乐的欢乐情绪，体验节奏。

孩子对音乐熟悉以后，鼓励孩子边听音乐边即兴舞蹈，让孩子在乐曲中自由发挥想象和表达内心感受。家长最好也参与到孩子的表演中，一同欢乐，增加表演的兴趣。

⑤自制打击乐器和孩子一起玩。在家里可以自制一些简单的打击乐器，如沙锤：饮料瓶里装上1/4的豆子、石子或沙子，把瓶盖封好。手握瓶颈部分摇动就能发出声音，家长和孩子一起随音乐节奏打拍子、唱歌。家中的盆、碗、茶缸、水杯等用筷子敲击也能发出清脆悦耳的声音，这些日常用品都可以用来练习打节奏。

⑥感受音高不同。准备好5个相同的玻璃杯，让孩子用筷子敲打，听声音，它们的声音是一样的，没有音高的差别。当着孩子的面，给5个水杯按顺序倒入不同高度的水，让孩子仔细听一听，比较敲打出来声音的不同，这时从5个水杯里发出的声音就有了高低的差异，孩子会觉得非常神奇，会反复敲打确认，仔细观察、比较、倾听，从而对音高和音调有一个初步的、感性的认识，对音乐产生兴趣。

准备给孩子听的乐曲、歌曲，都要经过家长的仔细筛选。必须是内容健康、积极向上、表现力强、节奏明快、简短悦耳、有艺术和欣赏价值，并且适合孩子年龄特征和心理发展特点。

孩子的听觉器官非常稚嫩，还处在发育阶段，所以尽量保障孩子所处环境要相对安静，不要有强音、噪音的刺激，播放音乐的音量要适中，时间不宜过长。否则，会使孩子听觉的敏锐度降低，造成听觉疲劳，甚至损伤听觉。

20 | 高智商需要高情商的配合

智力，指认识、理解客观事物并运用已有知识、经验来解决问题的能力，包括：

观察、记忆、思维、想象、判断等综合能力；

音乐、绘画、体育运动、社交、组织等特殊能力。

先说智商，智商也写作 IQ。

智商是智力商数。智商＝智力年龄÷实足年龄×100。

如实足年龄为 6 岁，能解答 6 岁组全部试题，则智力年龄为 6 岁。能正确解答 7 岁组全部试题，则智力年龄为 7 岁。

实足年龄为 6 岁，智力年龄为 6 岁，其智商为：

6 岁（智力年龄）÷ 6 岁（实足年龄）×100＝100

实足年龄为 6 岁，智力年龄为 7 岁，其智商为：

7 岁（智力年龄）÷ 6 岁（实足年龄）×100≈117

大量实践证明，仅有高智商，还不能很好地完成工作、学习任务。决定一个人成败的不全是智力因素，高智商还需要高情商的配合。事实是，依靠情商，更有可能取得成功。有了情商的激励、维护、强化、推动、调控等，才能更加充分地发挥智力的作用。

美国哈佛大学心理学家丹尼尔·特尔曼认为，一个人的成功，智商起 20% 作用，而 80% 取决于情商，情商很重要。

情商就是我们常说的心理素质，它是一个人获得成功的关键。如果一个人性格孤僻、怪异，不易合作；自卑、脆弱，不能面对挫折；急躁、固执、自负，情绪不稳定，他智商再高也很难有成就。

所谓情商，即情绪商数，也写作 EQ，主要是指人在情绪、意志、耐受挫折等方面的品质。情商是情绪智力，也是非智力心理素质。情商有好多方面，如兴趣、独立性、自信心、与人交往合作、耐心、好奇心、目标性、快乐感、竞争性、持久力、自制力等。优秀的情商，是智力向前发展的巨大心理推动力。仅有高智商还不行，一些人虽然在天天忙碌，却没有什么成就，差别就在于成功人士拥有优秀的非智力心理素质（即情商）。

情商低，会表现出：内向、害羞、不自信、没有竞争力、没有兴趣、怕失败，对家人依赖性强，无法接受批评，缺乏克服困难的勇气和能力。

情商也有遗传性。大多表现在性格方面。比如，这个孩子秉性像爸爸，老实巴交的；这个孩子像爸爸，有好奇心，什么都想打开看看；这个孩子像爸爸，有闯劲；这个孩子不合群，还愿意称王称霸，像妈妈；这个孩子爱笑、开朗，像妈妈……

研究孩子的性情，发现：

40%是和善的，跟别的孩子容易相处、合群；

15%的孩子对环境变化适应慢，胆子小、退缩；

35%的孩子是两种性情混合；

10%的孩子难与小伙伴相处，常表现大哭大笑，不容易接受教育。

孩子长大了，性情的差异也表现明显。专家跟踪研究发现：

有的胸无大志、不思进取、怕苦怕累、只想享乐、悲观失望，没有闯劲；有些总想占便宜、投机取巧，玩心计，小气；也有些能吃苦耐劳，事事上进，敢于斗争、敢于胜利，心怀坦荡、大度、向善，助人为乐，孝顺等。

孩子虽然受遗传因素的影响，但在发展关键期，通过说话、交往、感觉及玩游戏等多方培养，会有改变。受到外界环境的良性刺激、正面教育，大多数孩子会变得善良、勤劳、友善、爱学习、孝顺、乐观等。

家庭环境对孩子潜移默化的影响非常重要。爸爸妈妈是孩子的第一任老师，父母要明确认识到自己给孩子遗传了什么样的性情，尽量做到扬长避短。如家庭环境是否和谐，家长是否有不良嗜好及行为习惯，重视日常生活中对孩子耳濡目染的影响，有针对性地进行培养。

要培育孩子有高智商，同时也应该培育孩子的高情商，让孩子成为一个对社会有用的人才。

21 | 情商需要培养

情商是情绪商数，也是情绪智力。孩子的情商（非智力心理品质）需要培养，且主要是依靠后天培养。3~12岁是情商培养的关键期，3岁前培养会打下良好基础。

经20年跟踪调查发现，凡在关键期接受过情商培养的孩子，在学习成绩、人际关系、未来工作表现和婚姻状况等，均优于没有接受过情商培养的孩子。

情商培养，不仅能促进孩子学习成绩提高，更有助于形成乐观、自信的性格，在日常生活中表现出不怕困难、有创造力的优秀品质。高情商，会受益一生。

在培养孩子智力的同时，注意非智力心理品质的培养，将智力和非智力心理品质结合起来发展，是最佳培养模式。即智商与情商同时培养。

实践证明，人是学习、工作的主体。学习、工作的成效如何与情感变化和影响紧密相连，并得到情感的引导、维持、推动、强化和调控。就是说人的情感变化一直伴随人的学习、工作、生活等活动，伴随人活动的开始、经过、结果全过程。所以，一个人的成功，80%取决于情商，智力仅起20%作用。

如学习开始时，情感支配对学习的兴趣、注意力、愉快心情等。

在学习过程中，情感起维持状态、坚持目标、保持耐心、坚定信心、不怕困难、争取胜利的作用。

学习结束时，能体验成功的快乐情感，并产生继续学习的动力。对失败不畏惧、不失去毅力，胜不骄、败不馁，能够排除困难去争取胜利。

情商教育的目标是使孩子能够主动、自发地成长，重点是提高孩子的自信心、独立性、好奇心、情绪控制、规则感、同理心、社会适应能力和与同伴的合作沟通能力等。在 0~6 岁的成长阶段，孩子会出现很多的情绪或社会交往困惑，比如分离焦虑、不自信、不善于探索、爱发脾气、有攻击行为、因为一点小事就哭闹、没有耐心和规则感、没有主动性等，只有当这些情绪和社会交往困惑都得到了顺利地解决，孩子的学习能力、自信心、自尊心、探索和解决问题的能力、调节和控制自己的能力、社会交往技能才能得到持续性的发展。

· 培养情商的方法

情商的早期培养意义重大，最佳的培养时机是从 0 岁开始。在情商的早期培养过程中，家庭起着重要的作用。

孩子从出生就已经开始感受和学习了。0~3 岁是性格、习惯、意志品质形成和发展的第一关键期，脑量会长至成人的 2/3，这一时期脑部的精密演化是一生中最快的阶段，最重要的学习能力，尤其是情感学习能力，也在这个时期得到最大的发展。6 岁以前的情感经验对人一生的发展具有长久、深远的影响。

①家长要为孩子树立良好的榜样，建立和谐的家庭关系。

家长是孩子的榜样，孩子好像是家长的一面镜子，孩子的一言一行中流露出家长的模样。家长的言行举止，对孩子起着潜移默化的作用，情商可以传达给孩子。要在日常点滴活动中丰富孩子的情感，平时玩耍、吃饭和交谈当中经常对孩子表达爱意，温暖的拥抱和赞许的眼神交流都有助于提高孩子的情商。

②创设接触社会、与人交往的机会。

让孩子多接触大自然，多接触社会，多和小伙伴玩耍，体验愉快与不愉

快的情绪,引导孩子合理表达情感,锻炼社会适应能力。

与同龄的小朋友一起玩耍,他们会互相教会怎样玩耍、怎样相处。鼓励孩子参加各种集体活动,培养合作意识、训练合作行为、提高合作能力。家里来了客人,也要让孩子认识、接待,使孩子增长见识,懂得尊重他人,逐渐学会待人接物之道。

③理解、鼓励和支持。

对孩子付出的努力给予及时的肯定,发现孩子情绪不佳时,要理解孩子的感受。孩子的成长有成功也有失败,在遇到困难和挫折发脾气时,家长不可简单粗暴地打骂孩子,打骂孩子收不到预期的效果。可以先让孩子发泄一下不良情绪,然后说一说为什么不高兴,帮助孩子找到解决问题的办法。这个时候,孩子更需要家长的理解、鼓励和支持,要教会孩子积极应对和克服负面情绪的具体方法。

④培养孩子的同理心。

所谓同理心就是感同身受,这是基本的人际关系技巧。有同理心的孩子会通过细微的信息去察觉他人的需要,设身处地为别人着想。在日常生活中,逐步培养孩子学会亲切待人、愿意分享,乐意关心和帮助别人,富有爱心、同情心,促进情商的发展。

⑤学会控制自己的情绪。

帮助孩子正确表达和控制自己的情绪也很重要。好的积极情绪,如乐观、和善等可以自由地表现出来。不好的消极情绪,如冷淡、愤怒等要加以控制,培养孩子成为一个受欢迎的人。

⑥教会孩子自理、独立。

孩子自己能做的事情要自己做。学会自己吃饭,整理自己的玩具,学会自己穿脱衣服等等。培养自己解决问题的能力,提高独立性和适应能力。

生活中总是一帆风顺的孩子,抗挫折能力一般都比较差,我们要有意识地设计一些障碍,让孩子去处理,锻炼独立解决问题的能力。孩子遇到困难,家长不要马上提供帮助,而是要鼓励孩子想一想怎么办,争取克服困难获得成功。告诉孩子:"相信自己,再试一下"。

还要从小培养孩子有礼貌,遵守交通规则,遵守公共秩序,有良好的社会公德。培养孩子成为文明礼貌、乐观独立的高情商的人。

(1)培养幼儿兴趣

兴趣是指对事物喜好或关切的情绪。兴趣可以使人集中注意,产生愉快紧张的心理状态。"兴趣是最好的老师",是获得知识和发展能力的强大动力。当孩子对某种事物感兴趣时,就会格外关注,从而对这种事物的认知更深入、更广泛。

如孩子对绘画感兴趣,会主动观察和模仿与画相关的景物及画册等,还会动手多画,越画越好;孩子对唱歌、乐器有兴趣,在音乐方面会花费更多时间练习;孩子对体育运动、球类有兴趣,就会主动积极去玩、去跑跳、投球、踢球等;孩子对学习感兴趣,就能积极主动学习,不用家长操心,对所学功课专心,成绩就好。

广泛的兴趣爱好可使孩子获得更多知识。首先要开阔视野,增长见识。经常带孩子接触大自然、参观各种展览会、逛图书馆,有机会还要参加一些社会活动,多接触大、小朋友,并可参与一些有益身心的实践活动。

在培养孩子广泛兴趣中,注意发现广泛兴趣中的突出兴趣,可在广泛兴趣的基础上适时适当给予重点培养。

· 培养兴趣的方法

①开阔眼界、增长知识。

增加知识储备,是培养兴趣的基础。有意识地引导孩子到大自然中观察日月星辰、山川河流。比如春天去观察植物的生长情况;夏天去游泳、爬山;秋天观察树叶渐渐脱落;冬天观察人们衣着的变化,看雪花纷飞的景象。孩子通过参加各种活动开阔了眼界,丰富了感性认识,提高了兴趣。孩子的兴趣广泛,知识面扩大了,学习能力也在不知不觉中提高了。

②发展孩子多方面的兴趣。

孩子对周围的一切事物都感到非常新奇,有着旺盛的求知欲和好奇心。由于个体的差异性,每个孩子的兴趣千差万别,最先使孩子产生兴趣的一般是画画、唱歌和表演。父母要做有心人,为孩子提供相应条件,保护和激发孩子的兴趣。

多陪伴,从中细心观察,发现孩子潜在的兴趣和天赋。细心引导,因材施教,适时地加以表扬和鼓励,孩子多种学习兴趣就会逐渐培养起来。

③多支持、多鼓励。

经常关心、询问孩子的想法和需求,交流感情,尊重孩子的意愿,发现孩子的才能和兴趣,并加以正确引导。

从心理上给予关心和鼓励,多给予肯定性评价,要让孩子感受到自己的进步。如把孩子的作品保存下来,在孩子的房间设计出一片作品展示区,展示自己的作品,让孩子自己进行比较,体验进步。善于发现孩子的优点、长处,有针对性地进行培养。这样可以增强孩子的自信心,激励他把事情做得更好。

④榜样的作用。

父母是孩子的榜样,孩子是父母的影子,家长的言行举止潜移默化地影响着孩子。家长热爱学习、兴趣广泛,是对孩子的最大吸引和带动,在这样的环境中长大的孩子,往往对许多事物都有浓厚的兴趣。家长要努力提高自己的兴趣修养,成为培养孩子兴趣爱好和特长的引路人。同时,要注意不能以家长的想法代替孩子的兴趣、意愿,要帮助孩子发展个人潜能,激发兴趣,培养能力。

(2)培养独立性和自信心

培养独立性,让孩子体验到独立完成一件事的兴奋心情。独立性是孩子自信心、意志力发展的前提。

只要是孩子自己能独立做的事情,就让他自己去做,家长可在一边观察,孩子做成功了要马上给予表扬,鼓励这种独立性行为。

如孩子要喝水,家长可提前把凉开水倒入杯子中,告诉孩子杯子里有水,自己去喝吧。孩子自己拿水喝后,家长表扬说:"××自己能喝水了,你真棒!"

家长不要包办代替,无微不至的照顾会耽误孩子独立性的发展,孩子有了依赖性,能自己独立做的事情,也想依靠别人来做,就失去了发展独立性的机会。

游戏中有很多需要独立完成的事情,如独自运用玩具拼插,建成一座大房子、一艘船、一辆车或一个创新的特殊作品,有时需要一两天、几天或更多时间才能完成。作品完成后,孩子特别高兴,会请家长参观,还会兴致勃勃地讲述作品的特点、功能,并演示操作自己的作品。家长看了一定要给予积极的评价。孩子对自己独立完成的作品感到非常自豪,体验到成功的快乐,增加了自信心。

自信心,是相信自己的愿望一定能实现的心态,也是情商的一种能力。自信不是骄傲,是对自己能力的一种认识,孩子有了自信才有敢想敢干的勇气。

家长要多鼓励、多支持,教给孩子做事的具体方法,相信孩子的能力,但也要实事求是地对待孩子的自信心,不要夸大表扬,避免盲目自信。

·培养自信心和独立性的方法

①培养生活自理能力。

自信心和独立性是在日常生活实践中培养起来的。2~3岁的孩子就有了强烈的"我要自己做"的愿望,家长要因势利导,不能包办代替。在日常生活中,尽量让孩子自己动手完成力所能及的事情,家长要细心引导、教会孩子生活自理和为他人服务的意识和方法,如自己吃饭、穿衣、穿鞋、洗脸、收拾整理玩具、帮助家长拿小件物品、摆放碗筷等等,培养孩子的自信心和独立性。

②适时适当的鼓励。

充分相信孩子,引导孩子从小事做起。多用鼓励的话和孩子交谈,用赞赏的眼光看待孩子的行为,在情感上给予更多的爱和支持。有父母家人做坚强后盾,孩子就能充满自信地参与到各种活动中,有迎接困难和挑战的动力和勇气,渐渐地自信心就增强了。

③创造自由活动、自主决定的机会。

在生活和游戏中,留给孩子自主活动、自主决定的空间,让孩子大胆探索实践。尝试困难、错误,感受挫折;自己独立思考,寻找解决问题的方法,体验成功的喜悦。这样既增强了孩子的自信心,又培养了独立思考和解决问题的能力。

(3) 培养合作交往的能力

合作交往是与他人共事的能力，是指两个或两个以上的个体为了实现共同目标而自愿地组合在一起，通过相互之间的协调配合实现共同目标，最终个人利益也获得满足的一种社会交往活动。

社会需要全面发展、善于与他人合作共处的人才，合作能力是个人成功最重要的素质之一。懂得合作的孩子，长大后能很快适应社会的变化，善于与他人共事并能够发挥积极的作用。

孩子在2岁左右，合作行为开始发生、发展，思维能力也进入重要发展阶段，能够区分自我与他人，逐渐学着从他人的视角看问题和理解别人的感情，这为培养合作能力奠定了基础。3岁以后，能够进行简单的合作，但合作意识和目的还不是十分明确，经常从自身感受出发，尽可能地取自己所需，容易与同伴发生冲突，很少考虑别人的意见和感受。

人生活在社会中，不管做什么，不可能总是一个人，总是要与别人交往、交流、合作，这也是一种工作能力、生存能力。培养幼儿的交往合作能力，对家里孩子少或独生子特别重要，也就是要为合群做准备。为上学和同学相处，参加集体活动，将来走向社会工作、生活打下良好基础。有良好的合作交往能力，才能使智力更好地发挥作用。

·培养合作交往能力的方法

①在生活环节中培养合作能力。

交往是发生在共同的游戏和活动中的，要给孩子创设、提供与他人交往的机会，让孩子获得交往的经验。例如，和住在同一个小区的小朋友一起玩；请幼儿园里的好朋友到家里来玩；和亲戚、朋友家的孩子一起玩等等。

在日常生活中，孩子和小朋友一同活动交往的机会很多。如一起拼图、搭积木、作画、看图书、玩娃娃家等。

和家长一起做简单的家务劳动。如一起摘菜、共同收拾玩具材料、一起收拾整理洗晒好的衣服、帮助家长准备餐饭以及大带小的交往活动等，都是孩子实践合作的环节。充分利用好每一次合作活动的机会。

②语言在合作中起到重要作用。

与人交往合作，要学会说客气的话、平等的话，要商量，不能用主观命令的语气。孩子与小伙伴的合作活动，必须共同商量、友好合作、互相配合，才能使合作活动顺利进行下去。

a. 孩子们一起活动前，大家一起商量分工，这样每个人都有任务。

b. 遇到矛盾时要耐心的交流解决问题。

c. 当玩具不够的时候，相互之间就要懂得谦让、轮流玩，先完工的孩子还能帮助没完成任务的小伙伴。

合作，需要双方或者多方的共同努力才能完成，语言的交流沟通起到至关重要的作用。与人交往合作时，要学会礼貌用语，这样可以促进交流和沟通，如"您好！""谢谢！""再见！""我们一起玩，好吗？""请借我一块积木好吗？""我们一起来商量商量吧！""我们一起做吧！""谢谢大家的帮助！"等，还要注意不要打断别人说话，学会认真倾听，称赞他人的优点等。这样就能获得意想不到的效果。学会使用礼貌用语，还会使孩子之间的关系更加密切。

③树立合作的榜样。

家长之间的合作与分享会给孩子积极的影响，要时刻注意自己在日常生活中的榜样作用。家庭成员之间要互相配合、互相体贴、互相谦让，和睦相处。妈妈爸爸一起做事时，要和气、商量、合作。对待邻居要互敬互让。

给孩子讲解与别人交往合作的好处：交往能够增加了解、增进友谊，合作能取长补短，合作力量大。家长的言行举止会对孩子产生直接的影响，为孩子提供直观的行为榜样。

身边小伙伴的榜样力量也很大。孩子会迅速模仿小伙伴的言行，和小伙伴打成一片。同伴的榜样行为更容易被孩子接受和模仿，能起到很好的教育作用，要对孩子的合作意识和优良行为给予积极的评价，引导孩子向同伴学习长处。

④培养良好品德，体会合作快乐。

孩子会在与同伴合作相处的过程中积累经验，养成关心他人、宽容友善、互相帮助、遇事商量、友好相处等良好品德，这样与人合作时才能感到顺利和快乐。

同伴之间的合作会带来积极愉快的情绪体验。孩子与同伴一起友好地合作，看到自己与同伴合作的成果：合作成功、事情做成、增进友谊，感受到合作的力量，获得合作的快乐，就会产生继续合作的需要和积极合作的愿望。

⑤给予适当的赞扬和鼓励。

不管是孩子与爸爸妈妈的合作，还是与同伴的合作，活动结束后，都要及时对孩子做得好的地方给予赞扬和鼓励。让孩子感受合作的成果，体验合作成功的快乐，激发继续合作的愿望，使孩子今后的合作行为更加稳定、持久，愿意更多地、自觉地做出恰当的行为，这对于巩固合作行为有重要意义。正确的评价是对合作过程的肯定，也是激励孩子持续合作的动力。

⑥提供多样的游戏实践活动。

游戏是孩子最乐于参与的活动，是提高孩子合作意识的最好方式，在游戏中培养合作能力有着事半功倍的效果。引导孩子与同伴之间共同商量、友好合作、互相配合，这样才能使游戏顺利进行下去，体会到共同游戏的快乐。

在合作游戏中，很多孩子遇到纠纷不会很好地解决，不是告状就是吵闹，甚至打架。最后通常是由家长帮助解决孩子之间的矛盾纠纷。因此只有让孩子学会解决问题，才能真正提高合作的能力。

具体方法是先从两个人的游戏开始，参与人数由少到多，随着能力的提高，可参与多人游戏（如建构游戏、角色扮演、表演游戏、体育游戏等群体性游戏)。

游戏时,一个孩子搬不动的小桌子,两三个小伙伴很容易就搬走了。玩游戏后收拾玩具、场地时,几个小朋友合作收拾,就能很快收拾得整齐干净。引导孩子先一起商量游戏分工、然后一起合作。如这个小朋友负责把小玩具收拾好放入纸箱里,另一个小朋友将小凳子放在屋角,再一个小朋友负责扫地,大家分工合作一会儿就能完成收拾任务。

游戏开始时要交流商量怎么玩、怎么合作;玩的过程中遇到问题时,再商量怎么解决,直到愉快地完成游戏。养成交往合作的本领,有利于相互学习、相互帮助。

参与集体游戏时,教育孩子不能任性、不能独占、不可以称王称霸。要和别的小伙伴交朋友、一起玩、一起干些力所能及的劳动,并遵守游戏规则。

(4)培养耐心、好奇心

耐心是成功的关键因素之一。在心理学上,耐心属于意志品质的一个方面,即耐力。它与意志品质的其他方面,如主动性、自制力、心理承受力等有一定的关系。

幼儿往往对身边的事物有广泛兴趣,兴趣的稳定性较差,经常有兴趣转移的现象。尤其在受到一些新奇事物的影响时,对正在做的事情就分心了、没耐心。如正在垒积木,看到别的小朋友在玩小汽车,就会停下垒积木,跑着去看小汽车,兴趣转移到小汽车上,对垒积木没有了耐心。幼儿做事没耐心、不够专注,会形成什么都想做,什么都做不成的习惯,做什么都走马观花、似是而非,或是一知半解。

培养耐心,有利于更好地掌握知识和技能。耐心是达到愿望目标的关键心理素质。引导孩子玩耍时要会玩、玩好,学习时要会学、学好,掌握相关知识和技能。

首先从他感兴趣的事情开始。孩子对感兴趣的事情容易做到有耐心,不分心，顺利达到愿望和目标，充分体验成功的快乐；孩子缺乏耐心时，提醒、鼓励孩子要坚持去做直到完成，不能半途而废。如走平衡木，开始时走不稳，耐心练、坚持练，多练习就能够走平稳了。鼓励孩子要有耐心、肯坚持就能成功，养成做事有耐心的习惯。

好奇、好问、勇于探索是幼儿阶段的特点，家长要用心呵护和鼓励孩子的好奇、积极回应孩子的好问、创设条件引导孩子勇于探索和发现。观察力与好奇心及已掌握的知识有正相关，观察力强，好奇心就强，知识积累得也较多。

如孩子看到阳台上花盆里栽的石榴花，早晨开了几朵红色的花，会好奇地问，为什么花是红色的？经常玩的不倒翁，会发现：为什么不倒翁怎么推都推不倒？孩子能发现很多不懂的事物现象，并引发好奇心。但是，好奇心保持的时间很短，离开当时的情境就会转瞬即逝。所以，家长要及时、准确地回答孩子的问题，尽量让孩子的每一次好奇都转化为知识存储起来。

孩子好奇心强，说明求知欲望强烈，会主动寻求问题的答案，在这一过程中会获得很多知识。一般情况下，智商和情商高的孩子，好奇心强，他们能观察、发现、认识更多新奇的事物。要鼓励、保护孩子的好奇心，养成好奇、好问的习惯，为孩子以后的学习打下坚实基础。

·培养孩子耐心、好奇心的方法

①家长的榜样作用。

家长做好榜样，在和孩子交流时，要耐心细致、和颜悦色。

a. 孩子做错了事，要耐心地讲道理，告诉孩子错在哪里，应该怎么做。

b. 拒绝孩子不合理的要求时，也要让他明白不能这样做的原因，做到让孩子心服口服。

c. 要求孩子做一件事情之前，跟孩子约定好，必须认真耐心地做完这件事，鼓励孩子做事不半途而废，要有始有终。

②遵守规则，学会等待。

要遵守规则、秩序，如生活中排队购物、排队上车、排队就医、餐前等待等等，都需要有耐心。遇到孩子没有耐心的时候，家长要讲清道理，让孩子明白，等待是有原因的。

③鼓励孩子克服困难，耐心做事。

孩子能够坚持独立完成任务的时候，要及时夸奖，鼓励孩子耐心做事的好习惯。挑战难度大一些的任务时，家长要适时提供指导意见，帮助孩子克服困难完成任务。孩子在完成任务的过程中，磨炼了意志，锻炼了耐心。

④积极应对孩子的提问。

好奇心是孩子提高学习兴趣的源泉，要鼓励孩子提出问题。家长对孩子提出的问题表现出有兴趣，并积极耐心地解答，这样会使孩子的好奇心、求知欲得到满足，孩子会怀着好奇心去寻找、提出更多的问题。

在回答孩子的问题时，要注意方式方法。

a. 1~2岁的孩子处在"这是什么"阶段，孩子提出的问题是表层知识，可以直接回答。

b. 3岁左右的孩子处在"为什么"阶段，孩子问的是较复杂的逻辑关系问题，家长不应该简单地告诉孩子问题的答案，要引导孩子注意事物之间的联系，鼓励孩子多观察、多思考、多实践，让孩子试着自己去寻找答案，激发对事物的好奇心与探索的欲望。

c. 孩子找不出答案时，可以和孩子一起查阅相关资料，共同找到答案，让孩子知道以后自己遇到问题时，应该通过什么途径来解决问题，就是教会孩子解决问题的方法。

(5) 培养目标性

要达成目标，就需要明确自己努力的目标是什么，就是想取得怎样的成绩。获得成功的人，都有明确的目标。

幼儿时期，不会像成年人那样有宏伟的目标，只有简单的短期目标。如"我想要什么""我能够做什么"，家长可以帮助孩子定下经过努力就可达到的目标。

帮助孩子定目标，要了解孩子的身心特点、智力水平和兴趣爱好，目标不能定得太高，否则孩子会感到太难，不知该怎样去完成。另一方面，目标也不能定得太低，否则孩子会感到太简单、太容易，缺乏动力、没有挑战性。如果实现一个目标，不能给自己带来满足感，这个目标就不太合适。

培养孩子有目标意识，活动前就要明确目标，并通过努力完成目标。如在玩拼插玩具前问孩子："今天你要做什么？"孩子说："我要拼一辆小汽车！"家长继续问："是什么样的小汽车呢？"孩子说："有4个轮子的小汽车！"通过问答让孩子明确了拼插的目标是做有4个轮子的小汽车。

在游戏中增加阶段性目标，就好像在玩闯关游戏，完成一关再闯一关，难度由简单到复杂，可以增加游戏的趣味性。孩子在游戏闯关的过程中，充分体验到成功的乐趣，也有克服困难坚持完成任务的愿望，使游戏变得兴趣盎然。

观察孩子对目标的完成情况，可了解其智力水平。孩子能认真、耐心去完成目标，就一定要给予表扬。也可根据目标完成的情况，适当增、减目标内容的多少，合理调整难度。经常提示孩子做事要有目标，久而久之，就会养成做事有目标、有计划的好习惯。

(6) 培养乐观开朗的性格

乐观开朗的性格对孩子身心健康发展起到非常重要的作用。快乐感一般来自两个方面，一是自己的性格，二是所处环境的影响。

性格和遗传基因有密切关系，父母若是乐观的人，孩子大多都会有乐观的性格。遗传特质难以改变，但环境因素可以影响性格的形成，培养乐观开朗的性格，让孩子的一生都充满欢乐。

妈妈和爸爸，是孩子的第一任老师，孩子会模仿和感受到家长的情绪。如家庭和睦，妈妈爸爸相亲相爱，不吵架，说话和气，多是笑脸，不管生活顺心还是困难，都能乐观对待，家庭气氛充满欢乐，孩子在潜移默化、耳濡目染中，就会养成乐观开朗的性格。

社会生活中，有的人总是乐观对待生活，认为"没有过不去的火焰山"不管贫穷还是富裕、不管顺境还是逆境，活得都挺快乐。

游戏时，孩子自己玩或与小朋友一起玩时，玩得顺与不顺，家长都要用心观察，顺利时多加表扬、鼓励；不顺时多加指导，告诉孩子该如何解决困难，如何与同伴沟通，达到成功，并一起分享成功的快乐。

和孩子一起玩游戏是值得高兴的事，孩子对游戏玩耍充满了快乐的期待，听说要去玩或现在就开始玩，都会兴奋、快乐。游戏开始前家长也要兴高采烈，让游戏在快乐中开始，在快乐中进行，在快乐中结束。孩子通过游戏，增长知识，体验快乐，培养乐观开朗的性格，同时增进了亲子感情。

培养孩子对游戏、学习、劳动、生活都有快乐感，失败也不必伤心，找出失败的原因，重新争取成功，体验成功的快乐。孩子拥有乐观开朗的性格，就会不惧困难，在快乐中成长，将来会做出更多成功的业绩，一生都会生活在快乐之中。

自己拥有乐观开朗的性格，每天都会开心幸福，其实穷富不能决定人的快乐。家庭中家长快乐，孩子就会快乐；孩子快乐，家长也会更快乐，快乐可以传递、可以感染。

· 培养乐观开朗性格的方法

①健康的身体。

健康的身体是培养乐观开朗性格的物质基础。要保证孩子丰富的营养、充足的睡眠、合理的运动,使孩子拥有一个好身体。身体健康则精力充沛,能积极参加活动,心情舒畅,情绪愉快。

②温馨和谐的环境。

影响孩子性格的因素有很多,最重要的是亲子关系。和睦的家庭氛围,家庭成员之间相亲相爱,被爱环绕。一个被周围的人特别是被爸爸妈妈爱着的孩子,就会心情愉快,积极向上,乐观开朗。建议爸爸也要经常陪伴孩子一起玩耍,促进孩子形成乐观开朗的性格。

要培养一个乐观开朗的孩子,家长应该具备乐观开朗的性格,时刻给孩子做榜样。家庭成员的良好性格,以及乐观幽默的家庭气氛,对孩子形成开朗乐观的性格起到潜移默化的影响。

③多鼓励、多表扬。

多鼓励、多表扬,调动孩子积极的情绪。孩子在听到表扬后,心情愉悦、情绪高涨,良好的情绪情感是形成孩子乐观开朗性格的重要条件。良好的情绪有益于孩子的健康成长,更有益孩子良好性格的形成。

④游戏中培养乐观开朗的性格。

孩子喜欢与年龄相仿的同伴玩游戏。游戏中可以自由自在、放松心情,有利于孩子乐观开朗性格的形成。家长要鼓励孩子跟同伴交往,在游戏中多与同伴言语交流,锻炼待人接物、与人交往的能力等等。

第三章
大脑发达需要刺激

多说话能够刺激大脑发达

22 说话能够刺激大脑

从婴儿降生的第一声啼哭,大脑发达的进程就已经开始了。这时期对大脑进行适当的信息刺激,大脑神经网络就会增加,大脑就更发达。

说话对大脑的刺激非常重要。语言所涉及的各种形式的活动(包括说话、读书、写字等),都由大脑不同专区调节控制。大脑中有生成语言的特殊神经网络,这些网络发达,就促使大脑更发达。

婴儿2~3个月时,饿了、尿布湿了,会发出哭声告诉妈妈。家长和4~5个月大的孩子说话时,婴儿会发出咿咿呀呀声来回答。这些哭声、咿呀声能锻炼声带、舌、唇等发声器官。

发声音节进入舌、唇、喉、肺,联合形成运动,也是大脑的功能作用。口腔距大脑较近,口腔反复运动和刺激,使脑部血液供应充分,能改善大脑由于连续使用造成的大脑缺氧状态。

婴儿出生时,不会说话,是通过模仿周围人,尤其妈妈的说话来学会发音和说话。

模仿成年人说话,从模仿声音开始,眼睛专注地看对方的嘴,注意倾听声音,努力模仿嘴部的口型动作,孩子的声带、唇、舌等发音器官活动,反复修正，逐步协调。应引导孩子注意家长的口型和发音示范。

模仿成年人说话，对孩子的大脑有很多刺激。模仿要用眼睛看家长的口型、面部表情，要用耳朵听声音，还要用大脑记录下来。眼睛看到的视觉信息、耳朵听到的听觉信息，都要输入大脑，刺激大脑，经大脑处理后，才能模仿家长的发声，学会说话。

用眼睛看、记忆、模仿，激发大脑的镜像神经细胞系统，又锻炼了大脑功能，让大脑更发达。镜像神经细胞系统对模仿和学习语言起很大作用。

模仿学习语言，必须有良好的听力作为基础。良好的听力，能清楚准确地听到周围人的语言，把听来的语言内容、音调等信息经过耳传入大脑，进行分析、归类，再传给语言的皮层中枢（语言联合区）加工处理，然后从口、咽、喉等发音器官输出语言。没有听力，就无法将语言信息输入，大脑语言皮层中枢也无法加工输出语言。

模仿周围人说话，除视觉和听觉作用外，还有一项是记忆。这种记忆属短时记忆，又叫工作记忆。工作记忆是在额叶前区大脑皮层中形成，再输送到海马体（海马体是参与存储长期记忆的重要器官）。额叶前区皮层可临时存储工作记忆，模仿说话锻炼了这部分大脑皮层。

说话，是将思维意图转化为言语表达出来，这是一个概念化的过程。要把思维有序地组织起来，最先启动的是词汇网络。单个的词汇概念存储在相互作用的巨大网络中，这些网络遍及整个大脑，再将选定的词汇概念转为语言。最后，要通过发音器官表达出来。人类将思维转化成语言并表达出来的一系列复杂过程在一瞬间即可完成（大约 600~700 毫秒）。

综上，说话使大脑受到锻炼，从而变得更加发达。

23 | 说话交流促进知识积累

孩子来到这个世界上,开始什么都不知道,对一切事物都要一件一件认识。需要和周围人说话、交流,从中学习到知识。4~6个月的婴儿,不会说话,却有着惊人的语言接受能力,妈妈指着挂在床头上的彩色小球,告诉孩子:"这是小球。"在听说的过程中,刺激大脑完成了对小球玩具的认识,下次再问小球在哪?婴儿的眼睛就会向小球的方向转动,寻找小球,说明孩子已经认识小球了。

随着婴儿的成长,日常生活中家长反复教孩子认识小被子、衣服、玩具等,孩子就认识、记住了。教孩子认识自己的鼻子、眼睛、耳朵、嘴等,教孩子数数,认识外面的小鸡、小猫、小狗等,婴儿有兴趣认识这些周围常见的事物。

长到1岁时,经常和孩子说话,不断讲解周围的常见事物,孩子就能广泛地认知。当孩子开始说话时,尤其到2岁左右可以和周围人说话交流时,孩子会向家长提问:"这是什么?""那是什么?""为什么?"等很多问题,家长要耐心准确地解答,这些问题都能成为孩子积累的知识。

多说话、多交流,孩子学到的知识就多。妈妈爸爸要有计划地教给孩子更多的知识。孩子知识多了,提问的问题就多,有的问题家长一下子可能回答不出来。所以,家长也要不断学习新知识,回答不出来的问题要马上查找相关资料,弄清楚后再把准确的知识告诉给孩子,不可以随口敷衍。

教孩子时，可用具体实物作为教具。如认识玩具小汽车，告诉孩子："这是小汽车（事物的名称）；小汽车是红色的、小汽车有 4 个轮子（外形特征）；小汽车能够在马路上跑，小汽车跑得很快（事物的特点）；宝宝和妈妈坐在小汽车里，很快就到动物园啦（事物的用途）。"

教给孩子认识各种形状、大小；

教给孩子数量，1 个、2 个、3 个、4 个、5 个……半个等；

空间方位，上下、前后、里外、左右等。

人是"学而知之"，妈妈爸爸要多和孩子说话交流、早和孩子说话交流，耐心准确地回答孩子的提问，主动、有目的地教孩子认识周围的世界。还可根据孩子的兴趣、知识背景，适时适当地提高认识的深度、广度，增加难度。

多和孩子说话、交流，是家长的一项重要任务，非同小可。家长要做好充分的准备工作，尽量把说话内容安排得丰富多彩，和孩子说话、交流之前要考虑好说什么。平时要学习育儿知识，这样才能做合格的人生初始教师。

多说话，多交流，多教导，孩子积累的知识就会更加丰富，为智力发展打下坚实的基础。

24 | 说话对孩子智力的影响

《美国儿童日常经历的重要差别》一书的作者贝蒂·哈特博士和托德·里德利博士，进行了说话多少对孩子智力影响的调查。对42名儿童2岁前的生活进行了跟踪调查研究，他们的父母来自不同职业。两位博士每个月观察录制每个孩子的话语及与父母的谈话交流，时长为1个小时。录制了这些家庭1300小时的谈话，涉及数百句日常生活用语。

在这些孩子3岁前，对孩子进行标准测试，结果看到（表2）：

父母是职员（比较有文化知识）的家庭与孩子的交流最多，测试结果得分最高；父母是工人（文化知识一般）的家庭与孩子的交流一般，测试结果得分中等；父母是靠福利资助（缺少文化知识）的家庭，与孩子的交流少，测试结果得分最低。调查有力地说明，多和婴幼儿说话，能让孩子大脑更发达，有效提升智力，使孩子更加聪明。

表2 语言信息对大脑刺激测试结果表

父母的职业	孩子每小时听到的词汇	孩子每小时的反应	测试结果（得分）
职员	2100个	30次	最高
工人	1200个	10次	中等
靠福利资助者	600个	6次	最低

从日常生活中可以观察到，在父母和3岁前婴幼儿多说话、少说话或不说话的这3种不同情景下，婴幼儿的智力高低有很大差距。这一现象，已引

起众多父母的关注。

生活中有些人常因各种原因不能经常陪伴孩子多说话,使得他们的孩子在大脑发育的关键期(黄金期)失去了应有的语言刺激,耽误了良好的发育时机,造成这些孩子智力没有得到应有的提升,孩子将来读书、工作、生活等都不及高智力的人,成为个人的终生遗憾,这些孩子也将会失去一些发展机会。

现实生活中,常常听到有钱人、名人,忙得没有时间陪伴孩子;某些人为生计忙碌没时间培育孩子,造成孩子智力发展受到影响,甚至不及一般正常水平,这结果与和孩子说话多少有直接关系。

如果父母日常对孩子不管、不问、不交谈,孩子注定要产生孤独感,而很多人的抑郁完全是来自其自身早期的经历。

25 | 两岁后开始多说话为时已晚

2岁前是语言发展的黄金期，一定要和孩子多说话，使孩子语言能力得到良好的发展，促进大脑发达。同时，使孩子更多地从语言中汲取语言能力。

美国堪萨斯大学的贝蒂·哈特博士说，经常喋喋不休的交谈可能是早期大脑发育的一个极其主要的因素。

哈特博士认为："孩子2岁时，所有的父母对孩子的交谈都多了起来。可是，到了这个时候，差距已经拉开，落后的无法赶上了。到了上小学时，每组儿童的差别会反映到学习成绩上，这时再多说话已为时已晚。"2岁前，父母有没有和孩子多说话，会影响智力提升，待说话的黄金期已过，时不我待的含义已显现出来，就追悔莫及了！

哈特博士说，对于婴幼儿来说，所有的单词都是新的，都值得学习。大脑发育的关键，似乎在于早期学习的比率，即关键不在于什么构筑了信息网络，而是在刚出生那段时间里大脑建立的互联网络有多大。

多和孩子说话，能够促进婴幼儿大脑发展、使大脑更发达、提高智力水平是有科学理论基础的，是经过实践证明的比较简单易行又高效的方法。

为了孩子能很好地、及时地学会说话，妈妈爸爸要多与孩子及早说话。这个事情关系到孩子的聪明、前途，也关系到父母的生活幸福，是家庭中的一件大事。

孩子尚在2岁前的妈妈爸爸，要即刻开始行动起来，和孩子多说话，不能知而不行，要未雨绸缪。对过了 2 岁的孩子，妈妈爸爸更要立刻行动，这时的孩子学习语言，只能比 2 岁前稍有些差，但可亡羊补牢，还不算晚。一旦过了语言发育的黄金期，就会事倍功半了。

孩子在 2 岁前，妈妈爸爸没有和孩子多说话，会使婴幼儿语言发育迟缓；如果在这一时段，妈妈爸爸经常陪伴孩子，并不断地对孩子多说话，可孩子仍表现出迟迟不语，就要关注孩子为什么说话迟缓的问题。

26 | 语言能力与生俱来

人是能制作工具并进行劳动的高等动物，动物中只有人类会说话，灵长目的哺乳动物黑猩猩却不会说话。

人为什么能说话，人的语言能力是先天具有的，还是后天习得的？对这个问题，科学家们一直在探讨，也有不同观点。

在 20 世纪 50 年代后期，美国麻省理工学院研究语言结构、开辟语言学新时代的诺姆·乔姆斯基博士认为，世界上所有语言都有一个共性，这个共性反映了生物决定论。认为人类大脑先天处于学习语言的有序状态。所以，通过学习语言就能够学会说话。乔姆斯基博士认为，语言能力是与生俱来的，为人类所独有，这一理论使他成为这一领域的奠基人。

继乔姆斯基博士后，大多语言学家认为，人大脑中有生成语言的特殊神经网络，是人类数百万年进化的结果。这个语言的特殊神经网络，是人能说话的生物基础，加上后天的学习，人就会说话了。这个神经网络的活动，加速了大脑的发达。

人具有说话功能，但必须要得到及时激发，尤其在 2 岁之前，得到充分的刺激激发。受到外界语言等信息刺激，可促进大脑语言特殊神经网络和相关综合神经网络增多、增强。如果得不到及时和充分的语言信息刺激激发，神经网络发育会迟缓，甚至变弱，说话也会迟缓。

说话多少，会影响大脑的发育，直接影响孩子智力的发展。语言的习得，需要有生物基础和语言环境的共同作用。人类大脑先天处于学习语言的有序状态，后天汲取了周围环境中的语言信息刺激，才能够掌握语言。

教大猩猩学说话，大猩猩学不会，是因为大猩猩大脑中没有相关的语言神经网络。先天的语言神经网络也是语言的生物基础，只有人类才有，这就是生物决定论。

27 | 思维转换成语言模式

荷兰麦克斯·普兰克心理语言学研究院,威廉·莱维尔特博士提出了一种假说,人可以将思维转换成为说出口的语言,是由于人类大脑中含有特殊的固定模式。这些特殊的固定模式分为三种,即词汇网络、框架网络及词素网络。神经细胞相互连接构成覆盖面很广的神经网络,网络能以精确的节奏相互配合,执行具体任务。这种假说已广泛为心理语言学家们所接受。

词汇网络,用于处理思维调用词汇。说话时,启动词汇网络,调出所需词汇。

框架网络,将调出的词汇进行概念处理。会产生两种状况:一个是框架网络给予每个概念适当文法,这是语言规则,包括词序、词性及其他语法特征;另一个是启动各种词汇概念相互竞争,最活跃的概念获胜,并脱颖而出。

词素网络,也叫词素层次,将筛选的词汇概念转为话语。接着就能进入一个加工层次,也就是发音。在这里音节进入由舌、唇、喉、肺等器官联合形成的运动模式。

大脑语言工作程序的存在,说明人是具有语言能力这种生物天性的。3岁前是语言发育的关键期,急需语言的外界信息刺激和激发。所以,一定要多和孩子说话!

大脑通过进化形成了两种单独系统,它们最终结合在一起,以利于口语表达。一个层次涉及认知行为,如思维、文法,这些是概念及框架模式;另一个层次涉及把音节说出并连接成单词的运动行为,这些属于词素及发音网络。

孩子学说话时,可以自主地发展这两种系统,直到2岁时这2种系统合并为止。

词素,是语言中最小的有意义单位。词根、前缀、后缀、词尾都是词素。有的词只含一个词素,如"人、蜈蚣"等。有的词含有2个或多个词素,如"老虎"包含"老"和"虎","图书馆"包含"图""书""馆"三个词素。

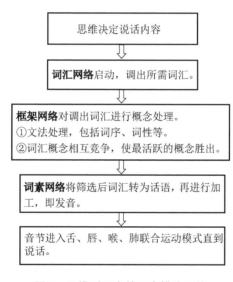

图7 思维到语言的三个模式网络

28 | 从说话学会说话

实践证明，婴儿虽然开始不会说话，但却有着惊人的语言接受能力。在听家长说话的过程中接受大量语言信息，这些语言信息对大脑相关语言神经网络进行刺激，促进了听觉和发音器官的发展，为孩子早开口说话做准备。

学习语言，要有一定的语言环境才行，孩子是从语言中汲取语言能力，从说话中学会说话的。当然，这是在大脑先天处于学习语言的有序状态前提下才可以。没有大脑先天的语言神经网络，也就谈不上学会语言了，只有人类才有这种先天的语言神经网络。

孩子学习语言的进程不同，受多种因素的影响。如语言种类（语种）不同，每个孩子发育期略有不同（个体差异），家长和孩子说话多少的差异等（外界语言刺激）。

孩子是通过模仿周围人说话学会说话的，首先是模仿妈妈说话。

2~3个月的婴儿会用哭声告诉家长饿了、尿布湿了、不舒服了。也会发出"啊""哦"等声音表示吃饱了。

4~5个月婴儿会发出"咿呀"声招呼家长。

7~8个月，当家长微笑着和孩子说话时，孩子会高兴地大声回应"咿呀咿呀"。孩子发出这些声音还不是语言，但锻炼了声带、舌、唇、喉、肺等发音器官。

孩子在模仿家长发音的时候，总是看着家长的嘴，模仿家长嘴的口型动作。孩子在会发出"a"等元音的基础上，再学会发出"b"等辅音。

1岁前后，先理解词的意义，如说"拍拍手"，孩子会用双手互拍；家长问"灯在哪儿呢？"孩子立刻会用眼睛寻找灯；家长摆手说"再见"，孩子也会举手摆动。

随着孩子长大，与周围人交往的需要增多，要用更多的词汇来表达自己的愿望。开始常说一个字的词或叠音字，如"饭饭"表示要吃饭；"水"表示要喝水。后来用几个字表达，如说"妈妈抱"，再后来掌握的词汇逐渐增多，从简单词发展到形容词、副词等，语言表达更完整、更清楚。

孩子2岁左右，说话能力迅速发展，到了语言的爆发期，句子可增加到5~6个字。3岁可讲复合句，能简单表述自己的想法，也能听懂对方说话的含义，完全可以和家长说话交流了。

学习说话的过程表明，人的大脑先天处于学习语言的有序状态。美国麻省理工学院的诺姆·乔姆斯基博士认为：所有儿童在学习语言时，都受到过周围错误和不完善的语言环境的干扰，但孩子们能够挑出有趣的语法结构去学，开发掌握超出他们所能接触到的语言。"他们知道的远远超过了所听到的，他们很明白是在自己创造。"

语言的习得，首先取决于生物因素，而更重要的是后天的语言环境。

29 | 听力是说话的基础

听见声音是认知世界和学会说话的必需条件。良好的听力,能准确地把听到的语言信息(内容、语调等),通过听觉器官传入大脑,进行分析、归档,由大脑语言中枢加以处理,构成经口、咽、喉等发音器官输出(说出)的有意义语言。

婴儿3~4个月时,就开始分辨声音,喜欢听妈妈说话的声音。父母应有意识地多对孩子说话。多听说话,孩子理解、记忆的词和句子就多,有利于模仿说话。听得多了,能够刺激听觉器官和大脑听觉相关区域发展、发达。

为了提高孩子的听力,可及早进行听力训练。

3~4个月时,妈妈可说些温柔亲昵的话,听到这些,孩子会很高兴,并会发出"咿呀"声来回应。

5~8个月时,婴儿能把声音和说话人联系起来,辨认出妈妈、爸爸和亲人们的声音,并对不同声音做出不同的反应。能把一定语言和实物联系起来、能指认自己的五官,说明孩子已经能听懂这些语言了。

9~12个月,婴儿可听懂、理解家长对他说话的大部分内容,听力在迅速进步。

2岁后,孩子能识别周围常用物品的声音。将器具、玩具、乐器等藏在暗处敲击发出声音,孩子能猜出是什么在发出声音。开始训练时先听简单熟悉的声音,再听较复杂的声音,逐渐增加难度。

总之，家长要和孩子多说话；多播放舒缓好听的音乐；讲生动有趣的故事；唱欢快易懂的儿歌等，从简单到复杂不断锻炼婴幼儿的听力。

作者在哄自己孩子睡觉时，轻声哼唱自编的催眠曲，一方面是锻炼孩子的听力；另一方面看能否听懂；同时也起到催眠的作用。歌词是"从前有个大老牛，大老牛就说：'哞哞哞'；从前有个小花狗，小花狗就说：'汪汪汪'……"

孩子开始睡觉，当唱到从前有个大老牛，大老牛就说："汪汪汪"时（故意唱错），或唱到从前有个小花狗，小花狗就说："哞哞哞"（故意唱错），孩子没睡着时，他会马上纠正说："错了、错了！"说明孩子听懂了，他一直在专心地听。

家长反复哼唱，唱对了，孩子不吱声。故意唱错了，孩子马上纠正。当家长再唱错的时候，孩子不说话纠正，说明他已经睡着了，催眠曲起到了催眠的作用。家长可以试试这首催眠曲，效果很好。

30 说话迟缓须关注

一般2岁多的孩子就能说出简单句,3岁时能和家长交流。如果2岁半的孩子还不会说话,妈妈爸爸就要特别注意,要找出说话迟缓的原因。弄明白是生理原因、心理原因还是说话的语言环境不够好等,必要时带孩子去医院检查治疗。

注意观察婴幼儿的听力,正常孩子对能发声的玩具感兴趣,表现出高兴或惊异。而听力不好、不灵敏的孩子则无明显反应。亲近的人在婴儿背后轻轻地叫他或用玩具发出声响时,要观察孩子是否左右转头寻找声源。耳聋的婴儿没什么反应,有残余听力的婴幼儿可能有反应,但反应迟钝。

再观察婴儿的举止行动,对外界事物的兴趣,先天耳聋的婴儿不像听力正常的婴儿那样活泼,也不爱叫喊,比较安静。也可做听力测试,正常孩子对突然大声响动(如击鼓声)能引起瞳孔放大反应,而听力障碍的婴儿反应迟缓。

检查发声器官是否正常。耳聋、脑部有病等状况,要带孩子去医院确诊,进行适当治疗和训练。

由于健康原因体质弱或长期生病,游戏玩耍的机会少、学习经验欠缺、说话的机会少,这样的孩子语言发展低于正常孩子。

性别上,一般女孩子比男孩子说话早些。遗传基因也会有影响,害羞、内向腼腆的孩子说话可能迟缓些,父母说话较晚的也会遗传给下一代。

3岁孩子仍不会说话或只能说简单的单字，可能就有问题。说话迟缓的原因有好多方面。如语言环境不好，家长只顾自己不管孩子，孩子主动与家长沟通时也不理睬，孩子缺少语言刺激，没有语言记忆，就会说话晚。

有的孩子被宠为"小皇帝"，衣来伸手、饭来张口，一切都有家长服务妥当，孩子已无说话的机会和必要。对此家长应改善语言环境，给孩子说话和多说话的机会。

如大脑语言神经网络有问题，要多加刺激，静待发育好转。如情绪方面，孩子有自闭症和假性精神薄弱症，要加强心理关怀、爱抚和治疗等。如是心理方面问题，还会有口吃的毛病。

孩子口吃的毛病，可能有以下原因：

①产生于孩子说话过程中。学说话时，句子不完整，有停顿、拖音和重复的现象，像是口吃，这种现象随语言能力增强、说话流畅后会逐渐消失。家长要耐心引导纠正孩子，千万不能笑话、处罚和训斥。

②口吃是由于模仿别人或影视剧演员的特意口吃行为，家长要告诉孩子千万不可模仿，免得模仿成自然。

③心理内向、害羞、紧张造成，只要紧张说话就口吃，家长要耐心提示孩子不着急、慢慢来。

多刺激、多训练，有利于使发音器官本身和大脑听觉区域发展、发达。如有心理原因或是家庭语言环境差，要及时纠正。和谐的家庭氛围，关心孩子的父母，给孩子提供丰富的语言机会和环境，孩子就能早说话。

31 | 语言配合动作，有利于听懂说话

爸爸妈妈在陪伴、照顾小孩子的时候，尽量边做边配合语言的讲解，这样能够让孩子理解这些动作的意义。反过来，动作又能够促进领会语言的含义。语言与动作同步，有利于孩子迅速听懂说话内容。

人类在胎儿期间，就能听到声音。婴儿在很小的时候，就具备分辨口头语言中各种声音的能力。到 6 个月，如果听力正常，就开始利用母语中一些常见的音素发声了。音素是语言声音的基本单位、最小单位，如 mǎ，是由 m、a 和三声调 3 个音素组成的。孩子从音素开始牙牙学语。

最新的研究表明胎儿在孕期最后 10 周内（出生前），已具有从妈妈那里学习和记忆基本语言声音的能力。元音在妈妈说话的声音中非常明显，即使伴有嘈杂的子宫背景声，胎儿也能清楚地听到。现代科学已经知道婴儿出生就有学习语言的能力，甚至胎儿期就开始学习，妈妈说话影响了孩子的大脑发育。

婴幼儿和妈妈最亲近，依偎着妈妈，离不开妈妈。孩子最愿意听到妈妈的声音，在妈妈的怀抱里最有安全感，和妈妈说话、交谈，很自由、不生疏。孩子通过与妈妈说话学会了语言。妈妈时时处处与孩子多说话，就提供了最佳的语言环境，对孩子大脑发展产生了持续刺激。

妈妈比任何人都有时间、场合和婴幼儿说话交流。所以，妈妈一定要知道自己所承担角色的重要性。促进孩子大脑发育发达，妈妈是最重要的人。

妈妈给小婴儿换尿布时说:"现在妈妈要换尿布了,要乖乖的,不要乱动啊!"这话常说,孩子就听懂了,只要听到妈妈说要换尿布了,孩子便不会乱动,安静地等着妈妈来换尿布,婴儿能理解妈妈说的话。

妈妈在做事之前,最好能给孩子说明,然后边做边说。这样,孩子可以理解妈妈说话的意思。平常生活中也要经常和孩子说话,告诉孩子将要做什么、正在做什么。如孩子愿意到室外活动,但还不会说话,这时妈妈说:"穿上衣服,我们去外面玩了。"孩子听懂了马上就能乖乖地配合家长给穿衣服。

要有一种观念:小婴儿不是什么都不懂。对待小婴儿也应该像和会说话、能交流的大孩子一样,用正规的语言来说话交流,因为孩子已经能听懂大人的话,理解了大人的意图。这样,有利于孩子理解正规语言,学到更多的知识,更早学会说话。

还要注意,因为婴幼儿能够听懂家长说话,所以不要随便瞎说、不要说假话,更不要欺骗孩子。

32 | 一定多和孩子说话

明确了多说话可以刺激大脑，促使大脑更发达，提升智力。那么家长要在日常生活中时刻提醒自己，多与孩子说话、交流，并要提高到像吃饭一样"必须"的程度。

说话，是影响婴幼儿大脑发育的重要变量，早说、多说比晚说、少说影响大，更能促使大脑发达。对孩子进行长期追踪研究证明，早期得到较多语言交流的孩子，长大后解决问题的能力更强。

多和孩子说话，这是在婴幼儿语言发育关键期的一项重大任务，在实施的过程中，困难不少。孩子3岁前，妈妈可能因忙于工作，没有太多时间陪伴孩子，爸爸就更缺少陪伴时间。怎么办？要尽量挤出时间来陪伴孩子，积极充分地利用上班前、下班后和节假日的所有时间，多陪孩子玩耍、说话。事在人为，在孩子发育关键期的几年里，尽力完成多说话的任务。

全职妈妈不上班，可以专心陪伴孩子，就要用心多和孩子说话，不能无所谓，不能心不在焉。其实在家专心陪伴孩子，绝对是利大于弊的事，不能无所作为，错过了科学培育孩子的最佳时间。

婴幼儿发育的不同阶段，掌握语言的程度不同，要根据孩子的实际水平和需求循序渐进地培育，不能过于超前，也不能滞后，要让孩子在愉快的气氛中学习说话。

语言发展进程：

3个月的孩子，听到妈妈的声音会寻找妈妈；

5~6个月的孩子，开始用声音表达感情，语言能力开始迅速发展，会发出"b""m""咿咿呀呀"的声音；

7~8个月的孩子，开始对语言进行模仿，学习说话；

1岁左右的孩子，能理解成人简单的语言和问题，会指认物体；

1岁半左右的孩子，词汇量增加；

2岁开始将单个字组成两个字的句子，用手势辅助表达自己的想法；

2岁半左右能进行简单的对话、交流；

3岁左右的孩子，能用短句来传达自己的意思，能完全和家长说话、交流；

3~4岁的孩子，持续扩增词汇量，可以讲故事；

5~6岁的孩子，掌握主要语法规则，尝试运用抽象词语。

1岁半至2岁前，是孩子语言积极发展的阶段，2岁前是培育说话的关键期。

33 | 婴幼儿能顺便学外语

2岁前是语言发育的关键期。孩子在学习和父母相同民族语言的同时，完全可以顺便学习至少一种外国语言，学习的目的在于为以后学习外语打下基础。因为孩子大脑的学习网络特别强大，再学习一门外语，只是顺便的事，不会感到困难。

2岁前后，孩子开始与人说话交流，对说话也很感兴趣。这时孩子不断碰到新的词汇，能很快学会。如果这中间夹带一点外语词汇、句子，孩子也不会感到困难，照样可以学会。

人的大脑先天处于学习语言的有序状态，大脑神经网络能囊括任何语言，因此，不管学习哪种语言都完全可以做到。孩子在发育关键期，存在许多潜在能力，若不能及时引导，有些在未显现出来时便枯萎，不能发挥应有的潜能。

每个孩子都有形成两种以上语言系统的可能性，但在语言发展关键期没有受到第二种语言信号刺激，另一种语言系统就不会从沉睡转入活跃状态。当语言发展的关键期过去，另一种语言系统就休眠了。

当学习母语的语言中枢已经形成一整套控制模式时，再学习另一种语言，其语言中枢不愿接受，所以再学习一种外语就很困难。婴幼儿阶段语言中枢尚未完全定位，大脑左右两半球都存在发生语言机能联系的形态基础，学习外语，就容易多了。

在双语家庭中，孩子很小就知道跟父母说不同的语言，转换自如，这个过程几乎不需要任何时间，因为双语者的大脑中有一个专门的"触发器"控制双语间的任意转换。

著名语言学家韦伯斯特，从襁褓中开始同时学说四国语言，他的家庭给予了多种语言的影响。父亲只说英语，母亲只说法语，祖父只说德语，保姆是北欧人，只说她本国语言。韦伯斯特从小不费吹灰之力就掌握了4种语言，长大后精通各种语言，25岁编写英语教科书，后编撰《韦氏英语词典》。处于语言学习期的婴幼儿可以说个个是天才，家长认为难学的外语，孩子却没有感到困难。

这个时候学习另一种语言，在大脑中能形成更大的语言中枢网络，分别负责各自的语言体系。3岁前学外语，学习效果最好，与母语没什么区别。这段时间过去，学习语言的优势也就过去了！

在日常生活中创设英语（外语）环境，和孩子用英语交流，听幼儿英语儿歌、故事、看英语动画片，经常听、反复听、坚持听，不断强化。家长要有耐心，能够坚持。这一做法经实践证明是即省时、省力、省钱又效果显著的好办法。

34 | 婴幼儿说话要点

多说话能刺激大脑发达，提升智商和情商，使孩子聪明。同时，按社会要求和父母期望的标准来启发、引导、教育，能培育品性高尚的孩子。

父母和照顾孩子的人承担了和婴幼儿说话的重要任务。

家长要尽量做到：

①多与孩子说话！

②积极应答孩子的愿望！

③多鼓励孩子！

妈妈爸爸是孩子人生的第一任老师。老师水平如何将直接影响着孩子培育的质量。

孩子的模仿能力特别强，会受环境和家庭氛围潜移默化的影响。因此，要求为人父母者，要不断学习，特别是科学育儿的知识。加强自身修养，成为通情达理、行为正直、勤劳善良、没有不良习惯的人，成为讲文明礼貌，爱国家、爱集体、爱家庭、爱生活，积极乐观，努力上进的人。这些熏陶影响，大多要通过言传身教来实现。

说话的要点包括：说话内容是什么，说话姿态怎样，说话场所、时间有哪些，语调用词如何，读书、识字、写字、绘画、唱儿歌及讲故事等，下面将逐一介绍。

(1) 说话内容

说话的内容以常识为主。

斯达索博士是美国《用什么手段激发儿童变得聪明》一书的作者。他说人们对婴儿有一种过多激发的倾向。一些人认为：任何针对婴幼儿智力的激发行为，都会使孩子变得出色，但须知让孩子受益的"课程"只有常识。说话涉及的内容是用成年人规范的语言跟孩子不断的对话交谈。普通的词汇对孩子有磁石一样的吸引力，有利于培养思维和推理能力。

用身边常识作为说话交流的内容，便于孩子理解，他们可以从常识中认知周围的一切事物。不要让孩子死记硬背一些抽象的数字及词汇，他们没办法理解、不感兴趣、也记不住。对于孩子来说，生活中的常识更直观、更具体、更有吸引力。

身边的事物广泛、具体又可看到、摸到、感受到，是婴幼儿喜欢、感兴趣，能够理解和学习的内容。

如家长指着电灯，说明这是灯，并演示开、关；拿一个苹果，说明这是苹果，再让孩子闻一闻，尝一尝；对身边的玩具熊、玩具娃娃、儿童车、穿的鞋、戴的帽及可食用的牛奶、馒头等，都可以给孩子介绍，并指出相应的实物让孩子把玩。对刚蒸熟的馒头还要告诉孩子是烫手的，要等凉了再去拿。

日常生活中的一些现象，如洗手间有流水声，告诉孩子有人在洗澡；门铃响了，告诉孩子有人来了；电话（或手机）响了，告诉孩子有人来电话了。有利于孩子联想、推理，这些也是常识。

给孩子介绍室内的摆设、器具，讲解它们的用途、如何使用和注意事项等。

室外公园、郊外的景物更多，是孩子喜爱的乐园。

各种植物：树、草、花等；

各种动物：小鸟、小狗、小猫等；

各种昆虫：蚂蚁、蜻蜓、蝴蝶等；

自然景物：山、河、湖泊等；

社会景观：行人、汽车、楼房等；

感官刺激：色彩、声音、气味等；

自然动态：蓝天、白云、风、雨、雪、雷等等。

以上这些都可以边看边讲解，孩子在游玩的过程中会随机提出各种问题，家长都要及时、准确、耐心地回答，认真对待孩子的每一个问题。我们身边时时处处都有大量常识，家长随口的讲解都可能成为孩子的知识储备。这就是寓教于乐，在玩中学习！

（2）说话姿态

说话的姿态、态度，会直接感染孩子或被孩子模仿形成习惯。正规、良好的姿态，会影响孩子成为终生的习惯和礼仪。

家长和孩子说话，姿态要正规，面带微笑，亲切、温柔、认真，专心倾听孩子说话。交谈时要注视孩子的眼睛和面部表情，并告诉孩子要注视对方的眼睛、口型，认真倾听对方说话。这样交谈，是一种礼仪，是对对方的尊重，又能通过观察对方的表情，更好地理解对方交谈的内涵，领会交谈重点。

培养孩子交谈时衣着举止正规、有礼貌、专心倾听，不要三心二意、左顾右盼，从小养成注意倾听的习惯，这些是重要的行为礼仪，会受益终生。

家长的动作、面部表情，能显示出说话时的态度，会感染孩子的情绪。不管处在什么状况下，对孩子说话交流，都要态度亲和、友好，不能满脸不高兴、生气、急躁。如果家长不耐烦、脸色威严，孩子容易产生畏惧感，甚至会害怕对自己训斥或动武，还可能对家长产生戒备心理。

妈妈和孩子说话的姿态，或抱着婴儿、或在婴儿床边、或与婴儿对坐、或牵着孩子小手漫步、或与孩子一起活动，方便和谐就好，以这样的姿态说话，气氛温馨愉快。和孩子有轻松愉悦的肢体接触，如摸摸头、握握手、抱一抱、拍拍手等表示赞同、表扬、肯定等。孩子感到高兴、有兴趣，就愿意多说话交流。

随着年龄增加，孩子说话交流会不断进步。对孩子的进步要立刻给予表扬："你真行""说得好""真棒""加油""真是好孩子"等，孩子受到表扬鼓励，就越说越爱说，进步得更快。

成年人不懂说话礼仪的现象比比皆是：说话不够专注、不懂得倾听，说话中经常打断别人、心不在焉等。实际是对交谈另一方的不尊重，也影响了交谈的效果。所以，从小就要养成注视对方说话、专心倾听对方谈话的好习惯，这也是培养孩子良好情商的内容之一。

美国西雅图布莱恩特小学生手册，小学生准则有一条规定：在谈话中要保持注意力集中并积极交流，学会使用"请"和"谢谢"。另一条规定：开会时，眼睛和耳朵始终保持注视着演讲者。

日本兵库县神户市向洋小学的学生准则有一条规定，与人说话时姿势与态度是：要认真倾听，不可低头玩手，要目视说话的人，并做出适当的回应。

德国梅林小学的学生手册有一条规定：说话时注意措辞。

如果能在幼儿时期打下良好的基础，有利于上小学遵守小学生规则，养成终身受益的说话姿态。

(3) 场所时间

和婴幼儿说话的场所比较多，室内、室外都可以。

婴儿比较小，主要在室内。幼儿大一些，室内外都能说话，爸爸妈妈带孩子在室外、公园、郊外游玩时，可以一边玩一边说话讲解。孩子对外边的环境、景物比较好奇，看见什么都要问，要弄明白，又要亲自去摸去碰。这时家长要注意保护孩子的安全，提醒哪些东西不能碰，哪些地方有危险不能去。

经常抱着婴儿或用儿童车推着孩子去室外玩耍、晒太阳、吹风、玩沙等，这些场所，多是家长主动安排的，孩子去一次后，也会有主动要求去的意识表现。

室外是锻炼身体的好地方,是说话交流、认知更多事物的场所。要经常带孩子到室外活动、玩耍,春夏秋冬都要去,尤其假期、休息天,更有时间去。

常带孩子去室外玩,有利于说话交流,也有利于家长和孩子亲密接触,增加亲情。大自然的陶冶,使孩子从小就接触到广阔天地,心胸高远。

和婴幼儿说话交流,有时间的局限。要在 3 岁前,特别是 2 岁前抓紧时间进行。上班的爸爸妈妈,要抽出时间利用上班前、下班后、休息日等一切时间和孩子说话。如果妈妈在孩子说话的关键期,不上班全程陪伴孩子多说话,当然是最佳选择。其实在妈妈怀孕期间,就可以和腹中的胎儿说话、听音乐,做胎教。

明确了和孩子多说话的重要性,时间完全可以挤出来。千万不能对孩子不管不问,孩子没有受到应有的说话刺激,没有得到父母的亲情爱抚,到头来,孩子不聪明、学习跟不上、智力低、跟父母不亲、自卑等,就不能怨天尤人了,这些都是父母没有尽到责任造成的。

(4)语调用词

语调,就是说话的腔调,是一句话里语音高低轻重的配置。

多说话对婴幼儿大脑发育有益处,但说话的语调一定要使孩子感到愉快,愿意听。孩子若听到"我们今天去哪里了?我们看见什么了?"就比听"住手!""快回来!"的话感到顺耳。家长跟孩子说话时,要注意语调温柔、轻缓,有强有弱,还要有节奏,有高、低、快、慢,这样听起来才不觉得单调。一旦声音有节奏,会像唱歌一样好听。

语音就是语言的声音、说话的声音,说话交流时的语音非常重要。说话发音过程中,音节的抑扬顿挫,家长用得正确,孩子就能够模仿学会。说话中语音、语调的使用,直接影响孩子与别人说话沟通的效果。在语言表达中,引导孩子模仿何时换气,何时调整音量,从而达到愉快的说话交流,营造和谐欢乐的气氛。

语调就像音乐中的高低音。说话交流是双向的密切互动、是最有效力的沟通途径。以恰当适宜的语调谈话，能形成和谐的气氛，所以语调很重要。

和孩子说话要轻声慢语。小声说话，能传达出心平气和的情绪，小声代表有教养，小声能吸引对方注意，小声可训练孩子的注意力。家长为了让孩子集中注意力，往往要求孩子大声回答问话，孩子也认为大声就好，而忽略了说话的礼仪和气质。孩子小，对说话的内容理解比较慢，所以和孩子说话时，应慢慢说清楚，这样说话交流才能起到好效果。

说话交流中经常使用礼貌用语和培养孩子独立性、责任心等的词汇。

如"谢谢"。当从心里感谢别人时，说声"谢谢"适时地表达谢意应当成为习惯，这种习惯是家长言传身教的结果。说话做事有不当之处或麻烦别人的时候要说"对不起"。家长常说礼貌用语，孩子就能学会并运用。

有些事需要帮忙，可用语言向身边的人寻求帮助。对孩子的关心、照顾也不要过度，那样会养成孩子唯我独尊，吃的、玩的东西全要独占的不良习惯。家长还要引导孩子关心、帮助周围的人和小动物，培养孩子的爱心、同情心，养成孝敬长辈的好习惯。

(5) 读书、识字、写字

读书、写字的能力基于语言，和语言有密切关系，语言能力包括说话、读书和写字。

读书必须先识字，学习识字，有利于获得更多知识。幼儿读书，一般是和家长一起读，以家长为主，孩子主要是听家长读书。有时是孩子自己独立读，因为识字有限，通常是看图画书，孩子从图画中理解图书内容，虽然认字有限还是对字很感兴趣，随着识字量增加，会逐渐提高对读书的兴趣。

孩子识字最佳期在4~5岁，2~3岁也能学习识字，但不主张过早学习太多的字。

可供婴幼儿阅读的书有多种，一般是彩色的、有图画也有汉字说明的书，分婴儿和幼儿（幼儿也分年龄段）读物。有些书可反复阅读，有的还可背诵下来。

给孩子读书时,要观察孩子的情绪,爱听的书可边读边讲解,讲几遍后还可以一家人分角色表演。读书能长知识,锻炼孩子的听力、视力,丰富词汇,提升语言表达能力,培养孩子的专注力。

经常领孩子到图书馆、书店看看琳琅满目的书籍,引起孩子对读书的兴趣。从小养成爱读书的好习惯,终身受益。读书过程中孩子会向家长提出一些问题,家长也可向孩子提出一些问题,通过问答加深阅读理解的效果。

识字,先学习认识一些简单、易懂的常用字。如阿拉伯数字1~10,汉字数字一至十及日、月、水、木、人、手、口、大、小等等。

幼儿识字的方法有很多种:

①看故事书。书中讲述简单有趣的小故事,印有鲜艳、可爱的卡通形象,孩子爱看,容易认识记忆。书中标有相应的汉字,在家长的多次讲解指导下,就能见图识字了。

②偏旁识字法。准备识字图卡,也可以自制需要的字卡。将图卡上汉字的偏旁剪下,再拼合成不同的字来识字。例如,偏旁"口"加上"欠"就拼成"吹"字。偏旁"口"加上"土"字,就拼成"吐"字。

③常见字识字法。指出报纸、杂志及街边商店门牌、宣传广告等上面写得大一些、写法正规的常见汉字,告诉孩子是什么字,可反复讲解,见到一次告诉一遍。这样,孩子就会认识这些字了。如"中国""人民",当地省、市、区的名称、孩子自己的大名等。

④识字卡片。一种是比较常用的有图有字的看图识字卡片,还有一种是有一定难度的一面有字另一面有图的卡片。这些卡片使用方便,可随时随地拿出来给孩子练习识字。

孩子认识一些字以后,就会用手指着图画书中的汉字一边点一边读,大致看懂或猜出图书的内容,很有成就感。不认识的字,孩子也愿意加紧认识,既增加了看书兴趣,又增加了知识,为将来大量阅读打下良好基础。

识字能锻炼记忆能力，培养观察能力、分析能力、理解能力。可以把字形相似的字放在一起让孩子观察、识别。

如"大""太"和"犬"，只差一点，点的位置不同，就成了不同含义的汉字；

"上"和"下"，笔画位置不同；

还能发现"雨"字里有小点，想象下雨时天空落下小雨点的景象；

"羊"字上的两点像小羊的两只犄角等。孩子对识字产生兴趣，更愿意学习。

在孩子识字的同时，可以教写字。写字是手、眼、脑之间协调合作的精细活动，大脑指挥如何写，手来执行大脑的指令，眼睛负责监督、修正，写字也是锻炼大脑的过程。

手指控制笔的灵巧程度和用力大小需要一番锻炼。开始写横、竖、撇、捺时，要经过长时间练习才能写工整。孩子初学写字时，家长一定要重视指导孩子掌握正确的书写姿势，如坐姿、握笔姿势和用眼卫生等，要打好基础。

(6) 绘画、唱儿歌

大部分孩子都喜欢画画。准备一支笔，一张白纸，孩子就会在纸上横七竖八地涂画一阵，可能画一些不圆的圆圈、点点、杂乱的短线等。家长看不懂，但孩子很高兴，这些作品叫作"涂鸦"。家长千万不能说贬低的话，"涂鸦"是这个年龄段孩子的绘画特点，要多说些鼓励、表扬的话，激发孩子"涂鸦"的热情。

孩子经常会到处画画，2～3岁时便能画出一些模样了。要问孩子画的是什么？孩子会说是房子、汽车、太阳、云彩、树木、各种小动物等。孩子对自己的作品充满了想象，除了"天马行空"的想象力，更表现出了惊人的创造力、创新力。如给汽车画上翅膀，让汽车飞起来；给房子画上轮子，可开到各处安家；让大树结出茄子来等等。

2岁多的孩子画人物，一般先画头和手脚，还不会画身子。随着年龄增长，观察细致了、画得多了，就能够画出有身子的整个人了。从乱画"涂鸦"，一点点画好了，证明孩子的大脑神经网络在不断构建、发展。

家长可将手掌张开放到纸上，让孩子用笔沿着手指缝描画出手掌的轮廓来。也可把云线板、曲线板放到纸上，用笔沿着尺板的边缘描画。锻炼孩子控制手的精细动作。

带孩子去公园、郊外画写生画，从观察、写生一片叶子开始，由简到繁，循序渐进，引导孩子注意观察看到的各种景物、车辆、人、动物等。回到家以后，可以让孩子根据记忆再画，增加孩子绘画的兴趣。如果孩子有需要，家长也可以指导一些浅显的绘画知识。例如，大小比例、高矮、粗细、前后遮挡的关系，方位的配置等。

绘画需要了解所画景物、植物、动物、物品等的知识，画画能够增加孩子的知识储备，提升智力。

孩子完成一幅作品，让他来讲一讲这幅画的内容，通过讲解会发现画面里充满了想象力、创新思维、幻想情景。由于孩子年龄小，知识面窄，手、眼、脑协调性差等原因造成了绘画作品表现力不足，爸爸妈妈在看画时，一定要先表现出饶有兴趣，以表扬、肯定的态度耐心地听孩子讲解，再提出问题或参考意见，愉快地和孩子交流。增强孩子的自信心，发展想象力和语言表达能力。

绘画能促进孩子各方面能力的发展，主要是提高观察力、记忆力、创造能力、思维能力等，锻炼了手部小肌肉的灵活性。绘画对孩子智力的发展起到重要的促进作用。

教唱儿歌。婴幼儿一般都爱听、爱唱儿歌，婴儿时经常听的是妈妈唱的催眠曲。可以教孩子唱经典的儿歌，还可唱自编的儿歌。唱儿歌有利于孩子学习语言，陶冶情操，培养对音乐的兴趣，有利于打下一生都喜欢音乐的基础。成年后每当听到一首悠扬、抒情、美妙的歌曲时，会被感染、陶醉其中，是人生美好的情感享受。

有条件的家庭，可以让孩子广泛接触一些乐器，教孩子学习感兴趣的乐器。

我国古典的、中国独有的唐宋诗词，是祖辈留给后人的精神财富。教孩子背诵时，最好先讲解其中的含义和意境，便于孩子理解诗词的意思，加深记忆。小时候背诵的诗词能够形成永久记忆一直不忘，将来用时会随时提取，奠定文学修养的根基。挑选好理解、朗朗上口、有正面意义、句子简短的诗词教给孩子。

例如，唐诗《静夜思》《春晓》《登鹳雀楼》《回乡偶书》等等。

《静夜思》（唐·李白）

床前明月光，疑是地上霜。

举头望明月，低头思故乡。

《春晓》（唐·孟浩然）

春眠不觉晓，处处闻啼鸟。

夜来风雨声，花落知多少。

《登鹳雀楼》（唐·王之涣）

白日依山尽，黄河入海流。

欲穷千里目，更上一层楼。

《回乡偶书》（唐·贺知章）

少小离家老大回，乡音无改鬓毛衰。

儿童相见不相识，笑问客从何处来。

（7）讲故事

孩子都喜欢听家长讲故事，讲故事是和孩子说话交流的一种方式，也是一种游戏。

孩子喜欢听故事，有时还会模仿故事中角色的对话和行为。家长可讲内容浅显、有趣、善良的小动物类故事。孩子大一些，可讲童话故事、自然知识故事、动物世界故事、科幻故事、现代科学故事、生活用品故事、道德礼仪故事等，要注意选择正能量故事。讲述过程中遇到孩子不理解的内容，要讲解清楚。孩子常常会被故事情节感染，收到很好的教育效果。

讲故事，有益于孩子说话交流，有益于增长知识，使孩子变得聪明。孩子听故事，会促进分析能力、判断能力、想象能力的发展，尤其能使孩子的联想思维迅速发展。听故事时，孩子头脑中会产生画面感，有身临其境、置身其中的感觉。听故事时思维可异想天开，可天马行空，对孩子将来的发明创造、创新思维的发展有启迪作用。

故事有古代的、现代的、自编的、国内的、国外的，不管哪种故事，都要有正能量、真善美，绝不要给孩子讲述迷信、暴力、恐怖的内容！

给孩子讲故事，篇幅要短小，不能长篇大论，语言要简明、易懂、优美。优美有趣的童话故事、流传广泛的有深刻教育意义的经典故事，都可以讲给孩子听。孩子愿意听的故事，可以反复讲，孩子懂了、记住了，试着让孩子讲给家长听，也可讲给周围的小朋友听。孩子复述故事可以提高记忆力，锻炼口语表达能力，为具有良好的演讲能力打下基础。

给孩子讲的经典故事有很多，如《三个和尚挑水吃》《乌龟和白兔赛跑》《乌鸦和狐狸的故事》《撒谎的放羊娃》《东郭先生》《狐假虎威》等。还有结合现代科学、现代生活的科学知识故事，都是很好的故事素材。

35 | 说话的时限标准

孩子长到3岁时，就能用语言很好地交流。能把自己的想法用语言告诉别人，又能理解别人对自己说的话，这样就达到了3岁幼儿说话应达到的时限标准。

3岁孩子的语言能力，应该掌握最基本的本民族语言。例如：

会用形容词"漂亮""美丽"等；

会用副词"很""最"等；

会用代词"你""我""他"；

会用连接词"和""跟"；

会用完整句子"妈妈去市场""爸爸去上班"；

知道性别"哥哥""妹妹""阿姨""叔叔""奶奶""爷爷"等。

3岁，能同时执行家长要求的两件事，如把地上的玩具汽车放回玩具柜里，然后用抹布擦擦灰等。这是前面讲的分枝法，可有效锻炼大脑。

3岁孩子能够说话交流，但毕竟掌握的词汇量少，语句还不连贯，家长要创造机会让孩子多说话。例如：

和孩子玩"打电话"的游戏，问一些日常生活中的事，让孩子回答；

玩有趣的角色游戏，让孩子扮演其中的角色进行对话交流；

带孩子去公园或郊游，看见路边景物与孩子即兴交谈等。

与孩子说话也要像和大人说话一样，有条理、顺畅、简洁、语法规范、吐字清晰,才能提高孩子的说话水平。

3岁左右,孩子说话会用好多词,当然尚不知这些词的分类。现代汉语词汇在语法上一般分12类。

6个实词,如名词(车)、动词(跑)、形容词(美丽)、数词(三)、量词(个)、代词(你)。

6个虚词,如副词(很)、介词(为)、连词(和)、助词(呢)、叹词(嘿)、象声词(喵)。

多玩耍能够刺激大脑发达

36 婴幼儿大多时间在玩

婴儿每天醒着的时候,大多时间都在玩。躺在小床里玩,妈妈抱起来玩,玩手,搬弄脚趾玩,玩玩具等。孩子在玩耍游戏中学习技能,提高能力,这也是玩的意义。翻身、坐、爬、扶床站立、扶着走等等生长发育技能也是在玩的过程中获得。

- 玩中学习的内容

①1岁内的活动,有时是自己在玩,更多的是妈妈爸爸逗着玩。

如眼睛追视转动的彩色塑料球;

播放轻柔欢快的音乐,让孩子感受声音节奏。

玩沙、玩水、玩面团、玩玩具、敲鼓、摇铃、两手抓动、5个手指紧握妈妈的手指、拇指与食指合起来捏住东西、伸手抓东西等,都是玩中学习的内容。

②1~2岁,活动能力增强了,能走、蹲下、弯腰拾物、能跑、侧身走、倒着走、两脚往前跳、垒积木、撕纸、套环、涂鸦、画横线、穿珠子、上下楼梯台阶、认识红黄蓝三原色、搓面条、拼插玩具等。

③2~3岁,可以直线走路,骑三轮车,涂鸦,能够区分大中小,认识图

形（三角形、圆形、正方形、四边形等），简单拼图（2块、4块、8块、10块），认识三原色、能分辨微妙的颜色变化，唱儿歌，说话交流，自己讲故事，拧瓶盖，开合子母扣，抛接球等等。

孩子是在玩中学习的，玩耍游戏是孩子获取知识、技能的主要方式，这是婴幼儿阶段与其他学龄段学习方式的不同之处，是由这个年龄段孩子身心发育特点决定的。玩耍游戏对大脑发达起到极大的促进作用，游戏是婴幼儿发育、发展中不可替代的学习方式。

玩耍简称为玩，玩也指游戏，是使自己精神愉快的活动。玩耍一般指一个人或两三个人玩。玩，是孩子的天性或是生物特性，我们知道其实动物在幼崽时期也总是在玩。如小豹子在一起疯玩、翻滚打闹；小猫在一起追闹，捉迷藏，玩弄猫妈妈的尾巴；小猴子在树林里，上下攀爬、蹦跳、追逐嬉闹；小马驹独自扬蹄耍欢、跑跳……通过研究小动物们的玩耍游戏发现，动物游戏有三种最基本的类型，即单独游戏、战斗游戏和操纵游戏。

单独游戏，不需要伙伴，独自进行。如高兴时独自奔跑、跳跃等，像小马驹、小猴等的单独游戏。

战斗游戏，需要两个以上伙伴进行。互相亲密厮打，看似激烈，其实是有分寸的，绝不会引起伤害，能严格自控力道。

操纵游戏，是利用周围的环境进行游戏，表现出支配操纵环境的能力。

如小熊把树棍衔上山坡，再推下。然后　在后面追，重新把树棍衔回，再重新玩。

科学家对动物为什么要游戏，有不同的评论、假说。

演习说，英国动物学家珍妮·古多尔认为动物从小就要锻炼掌握未来生活中的各种技能，因此提出游戏是生活的演习。

自娱说，有科学家认为游戏是动物的自我娱乐。

学习说，美国加州大学神经生理学家汉斯·特贝和哈佛大学社会生理学家斯塔·阿特曼等认为游戏是一种实践性很强的学习行为。

锻炼说，美国爱达荷大学的约翰·贝叶和加拿大动物学家保尔·赖特认为游戏不仅是学习，而且是锻炼。

上述几种假说，说法不同，各有道理。动物在游戏中表现的智力潜力、克制能力、创造力、想象力、狡猾、计谋、丰富多彩的通信方式等，远远超过人们估计的范围。游戏是动物的生物特性。

婴幼儿的游戏，也是生物特性的表现。人作为高等动物，能在玩游戏的过程中将外界的各种信息，通过感官等专有通路输入刺激大脑，使大脑发达，提高智能，促进机体的生长发育。

家长如果能参与到孩子的游戏中，给予适当指导，能让游戏对孩子大脑的刺激作用更强、更有效。

37 多玩耍能刺激大脑

玩耍,是综合性活动,对大脑的刺激是全方位、多方面的。玩耍游戏,伴随着婴幼儿整个发育的关键期。

玩耍游戏,包含说话、感觉、肢体活动和智力活动等。

玩游戏离不开眼睛看、耳朵听、皮肤触摸等感觉行为,大一些的孩子离不开说话交流。有一定难度的游戏,如智力游戏等又离不开智力活动,需要用心观察、思考、分析、判断、记忆、想象等,这些都能有效地刺激大脑,使之发达。

外界各种信息不断输入大脑,激发大脑相关神经网络增多、增强,促进大脑发展、发达。智力的提高,源于说话和感官获得的大量信息输入大脑被处理后所产生的知识。知识积累多了,人的智力就会不断发展提升。

游戏促使孩子用大脑思考、分析、判断、记忆、想象、执行等,能够对大脑额叶前区,尤其是前头极进行有效锻炼。额叶前区与前头极的发达,意味着人的大脑非常发达,多玩游戏的孩子更聪明。

根据婴幼儿各年龄段身心发展的特点,设计相应的游戏,充分调动大脑所有区域的神经网络参与活动。大脑所有区域,关联着感觉器官和身体的各个部位,游戏活动时,大脑神经网络在即时工作,瞬间做出反应,大脑得到锻炼。所以,要根据婴幼儿不同发育阶段,设计安排适合的游戏。

玩耍游戏是促进婴幼儿大脑发达的最佳方法,是人类千百年来培育婴幼儿大脑发育、发展的传统方法。

　　游戏中受到家长的表扬，会促进大脑分泌多巴胺，使孩子感到高兴，产生持续活动的动力，提高游戏兴趣。多巴胺的分泌，有利于大脑发达，也有利于良好行为习惯的培养。

　　玩耍游戏刺激大脑发达，能够有效提升孩子的智商和情商。

38 ｜婴幼儿多去室外游戏

万物生长靠太阳，婴幼儿的生长也离不开太阳。孩子小时候，妈妈爸爸可抱着或用儿童车推着出去见风、晒太阳；孩子会走以后，更要经常到室外、到广场、到公园，去玩、去走、去跑跳。孩子特别喜欢去外面玩，就像小鸟出笼一样，连跑带跳地玩耍。

室外有各种景物，有树、草、花等各种植物；有常见的狗、猫、鸡、鸭、麻雀、鸽子、喜鹊等动物。春、夏、秋季还有各种小昆虫、蚂蚁等，四季的自然景物不断变化，花开花落，树叶从绿变黄……

大自然像万花筒，为孩子提供了看不完、认识不完的新鲜事物，孩子问家长"这是什么？""那是什么？"，家长要认真对待孩子的每一次提问，给出一个正确满意的回答，每一次问答的内容都可能会印刻在孩子的大脑中，变成新知识。

孩子在室外跑跳，锻炼了身体，增长了知识，收获了童年的快乐，发展了智力。在外面玩游戏，可以与遇见的小朋友说话交流，一起玩，提高了人际交往能力，锻炼了与人合作的团队协作能力。

室外游戏的种类很多，在注意卫生安全的情况下，还可以玩沙子、玩水、抓小虫子等。太阳光的照射，为万物提供了生长所需的能量。孩子沐浴阳光，才能更加健康。

人体需要足够的氧气，尤其需要新鲜空气，流动的风带来了新鲜空气。在和煦微风的吹拂下晒太阳，会使孩子兴奋、愉快。阳光和风是大自然的馈赠，在晴朗的天气里走到室外就可以免费得到。

39 | 怎样指导孩子玩游戏

大多数家长带孩子只能做到看护孩子的安全,让孩子自己去玩,家长坐在旁边聊天、看手机或是远远地看着。孩子玩耍并非事不关己,家长不能不闻不问,白白浪费了教育契机。

游戏有多种多样,不管哪种游戏,家长要尽量在游戏前做到:有设想、有准备、有指导,最好能够参与到游戏活动中和孩子一起玩,还要考虑活动场地和玩具材料的安全性等。

参与指导游戏,是让孩子有兴趣玩,安全地玩,通过玩耍游戏有所收获,达到刺激大脑发达的目的。孩子的玩耍活动不是单纯的"玩",家长在带孩子玩的过程中,要想一想(心里预想教育目标):

这个活动能够起到什么作用,会锻炼孩子哪一方面的能力?

①是观察、记忆、思维、想象、判断等各种智力能力;

②是锻炼了自信心、耐力、交往、合群等非智力心理素质(情绪智力);

③还是锻炼了大肢体运动及小肌肉灵活性,提高了技能。

游戏前可先征求孩子的意见,让孩子说说,想玩什么游戏?游戏中让孩子多思考、设计玩法,鼓励孩子来制定游戏规则。

游戏结束后,让孩子想一想,下一次还可以怎样玩?

游戏的内容安排,要符合孩子身心发展的特点,有正面教育意义,有利于培养智力因素和非智力心理素质。不玩负面游戏,这一点很重要,孩子容易受到游戏内容的影响,模仿游戏中的语言和行为。所以,要指导孩子玩健康、有益的游戏。

玩游戏的过程中,鼓励孩子多动脑筋、克服遇到的困难,充分发挥孩子自己的积极性、主动性和创造性。让孩子独立、自强,家长不能包办代替。家长和孩子一起玩的时候,提醒自己是配角,要保护孩子安全和做好后勤保障工作,还要经常对孩子进行安全、知识等方面的教育、提醒。

家长做配角。例如,家人扮演乘客,让孩子扮演司机开车;家长扮演消费者买东西,孩子扮演售货员卖东西等。鼓励孩子在游戏中提出新想法、新玩法,使用角色的语言进行对话。

游戏中要注意保持清洁、整洁。游戏结束后,鼓励孩子收拾好场地,和孩子一起回忆游戏中有趣的片段。做得好的要表扬,做得差的要提出下次改进的建议,激发孩子继续游戏的愿望。

在游戏中训练孩子的规则意识。例如:

智力游戏,要讲清楚玩法,让孩子知道怎样做才能得胜;

肢体运动类游戏,先讲清游戏规则,要求认真遵守游戏规则。

规则意识，对孩子来说具有深远意义。在玩红绿灯游戏时，要遵守"红灯停、绿灯行、黄灯亮了看分明"的规则。孩子长大后，这项交通规则仍会深深印刻在孩子的意识中，时刻提醒孩子遵守规则。

和孩子一起玩游戏，家长要有童心，与孩子说话要和颜悦色，和蔼亲切、有耐心。家长是配角，孩子是主角，孩子玩得高兴、有兴趣，才能达到游戏的目的。

40 | 玩耍游戏有多种多样

游戏是婴幼儿时期最主要的活动之一，是学习、认知的主要途径，是促进大脑发达、锻炼肢体健康的一项大事。

玩耍游戏的种类繁多，形式丰富多样又与时俱进。以前，孩子们玩空手游戏比较多。现在，有专业的玩具工厂规模化生产，可以制造出适合各种年龄段，甚至细化到针对婴儿不同月龄的玩具产品。

根据玩法、材质、功用、使用者年龄等，玩具分很多种类。其实，婴幼儿使用的玩具产品，用量大、使用期短、安全性要求高，还要有育儿科学性等，是科技含量不低的产品。

游戏有很多种，其中大部分是混合交融式游戏，就是在一种游戏之中包含几个专项教育目的，是复合型游戏。

游戏按功用分有语言游戏、体育游戏、感觉游戏、智力游戏、数学游戏、科学游戏、音乐游戏、表演游戏、美术游戏、建构游戏、民间游戏、角色游戏（社会交往合作游戏）等。

游戏按年龄段分有婴儿游戏、低段幼儿（3岁前）期游戏、学龄前幼儿期游戏及少年、青年、中年、老年期游戏等。

游戏按社会发展分有传统游戏、近代游戏、现代游戏、创新游戏等。

游戏按专业分有体育游戏、音乐游戏、娱乐游戏、知识游戏、模拟游戏、棋牌游戏、电脑手机游戏等。

游戏按民族分各民族都有一些本民族专属的游戏,如朝鲜族的荡秋千、蒙古族的摔跤、回族的抓羊拐、苗族的打手毽、傣族的藤球、汉族的七巧板及翻线绳等等。

大多游戏要提前准备,如预先准备好玩法、内容、程序、用具设施等,还要制定好游戏规则、胜负标准等。

游戏规则是游戏的灵魂。培养孩子遵守规则的意识,为将来遵守法规打下基础,也是社会文明的基础。

婴幼儿的游戏,是日常活动的组成环节,是刺激大脑发达的重要方法。孩子在游戏中快乐成长,利于身心健康,能有效地提升智商和情商。童年的快乐游戏,会成为一生美好的回忆。

幼儿的游戏种类繁多。特别是家庭亲子游戏,家长和孩子一起游戏,既促进了孩子各方面的发展,又增进了亲情。

(1) 体育游戏

体育游戏可以锻炼孩子的走、跑、跳、钻爬、投掷、攀登等基本动作能力,增强身体素质。体育游戏内容广泛、有趣,有的体育游戏有角色、有情节,有的带竞赛性,不仅锻炼动作能力,而且可以培养孩子自我控制、遵守规则的良好品德和机智、勇敢、顽强的个性。

例如,"跳圆圈",能发展孩子的跳跃动作,配上儿歌:"小妹妹,小弟弟,跳圆圈,做游戏。跳进来,跳出去,跳进3次就胜利。"家长也来试一试,和孩子们一道跳跳玩玩,孩子肯定很开心!

(2) 语言游戏

语言游戏,能够培养孩子理解词汇和运用口头语言清楚、连贯、有表情地表达交流的能力。在游戏中,孩子可以学会发音、辨音、丰富词汇、学习说普通话、学会使用各种句式,连贯清楚地讲述。

① "看图练发音":选择动物图片若干,反复教孩子学说动物的名字、模

仿动物的叫声,让孩子学习掌握正确的发音,认识动物的名称。

②"反义词类推":根据甲词,说出意义相反的乙词,提高孩子的思维能力,如大和小,高和矮,糖是甜的、醋是酸的、盐是咸的等等。

③"折一折、讲一讲":准备正方形彩色纸,教孩子用基本的折叠方法,折出简单有趣的物体形象,把折好的作品组合成一个情景,培养孩子的动手操作能力、发展创造性思维。折好以后进行讲述,锻炼孩子用连贯的语言表达自己的想法。年龄小,还不会折纸的孩子可以降低难度玩"撕一撕、讲一讲"的游戏。

(3)智力游戏

智力游戏是根据一定智力任务设计的有规则的游戏,目的是丰富孩子的认知,发展智力。智力游戏将学习内容和游戏结合起来,增强孩子学习的兴趣。

①"瓶盖找朋友":准备大小、形状、颜色不同的有盖子的瓶子。将所有瓶子的瓶盖取下,混合成一堆。让孩子尝试帮每个瓶子找到自己的盖子,并拧上盖子。这个游戏,可以训练孩子的观察能力、匹配能力,发展孩子手部小肌肉的灵活性,练习掌握捏、拧等动作。

②"什么东西不见了":目标是培养孩子的观察力、注意力、记忆力和口语表达能力。玩法是将孩子熟悉的2~5件玩具或果蔬(数量由少到多,逐渐

增加难度）摆成一排，让孩子看清楚并逐一叫出名称，然后用布遮住玩具，从布的下面拿走一件玩具。掀开布，请孩子看看什么东西不见了。

③"跳棋"等棋类游戏：要求按照规则走棋，最先到达指定位置者获胜，发展孩子的思维能力。

④"猜谜语"：孩子们喜爱的游戏，要求根据谜面描述的事物的特点猜出谜底，能够发展思维能力和想象力。需要注意的是谜语要贴近孩子生活，难易程度适宜。让孩子通过思考后，既能猜出谜语的答案，又有兴趣再玩。

(4) 数学游戏

数学游戏是将数学知识寓于游戏之中，让孩子在现实生活中感受数学。用游戏的形式培养孩子对数概念的兴趣，增加对数的感性认识，由浅入深地学会一些简单的数学知识和技能，包括：

①感知集合概念的形成，如认识"1"和"许多"；

②认识 10 以内的数和 10 以内数的分解组合，学习 10 以内的加减法；

③认识简单的几何图形，认识圆形、方形、三角形等；

④感知空间方位（前后、左右、上下、里外等）、时间方面的简单知识（感知早晚、昨天、今天、明天、星期几等时间概念，知道钟表的用途），及对应、计数、加减和自然测量的初步技能（比较大小、长短、高矮等）。

数字游戏，如：

①"给小球分类"，按要求将小球进行颜色、形状、数量分类；

② "猜猜星期几"，巩固孩子对时间概念的理解。

（5）音乐游戏

音乐游戏是在音乐伴奏或歌曲伴唱下进行的游戏，有一定的规则。游戏时的动作、表情必须符合音乐的节拍、内容等。发展孩子的音乐感受能力、节奏感和动作协调性。

游戏前先教会孩子简单的歌曲，如《小鱼游来了》《老猫睡觉，醒不了》等。游戏生动有趣，可以活跃和丰富孩子的生活，培养节奏感、肢体协调性，引发孩子愉悦的情绪，是孩子们特别喜欢的游戏形式。

音乐游戏，如：

① "拔萝卜"；

② "小兔子乖乖"。

（6）美术游戏

美术游戏寓美术教育于游戏之中，让幼儿在绘画、泥工、折纸、手工小制作等各项活动中，熟悉多种材料的性能，培养孩子的形象思维和感受美、创造美、表现美的能力，开发孩子的聪明才智。

美术活动的材料是多种多样的，可以结合自己家庭、家乡环境的有利条件，选择各种自然材料，如线、布、纸盒、芦苇或细竹竿、秸秆、蛋壳、贝壳、泥、沙、蔬菜、水果等，让孩子利用现有材料进行创作，培养孩子欣赏美、创造美的兴趣和能力。

选材要注意卫生和安全，使用的蛋壳、贝壳、饮料瓶等要提前清洗消毒干净。

安排美术活动时要把握好难易度，提高成功率，让孩子在活动中体验成功的快乐，增加自信心。如手撕苹果、梨子形状（可提前在纸上用针尖扎好苹果、梨子的形象轮廓，便于孩子操作，降低难度），指导孩子用食指和拇指捏住纸的边缘，撕下苹果，把废纸屑扔到垃圾桶内。

又如教孩子制作小贺卡，作品装饰完成后，在家人、小朋友过生日或新年聚会时，可以作为礼物赠送。

美术游戏，能够让孩子在操作活动中感受不同材料的特点，增加游戏的趣味性，促进手部小肌肉的发展。

（7）角色游戏

角色游戏是幼儿园的日常游戏，孩子们非常喜欢玩。角色游戏是让孩子在模仿、扮演角色的过程中，通过语言、动作、表情等，创造性地反映周围现实生活的游戏。在游戏中，孩子可以根据自己的生活经验，回忆周围成人的各种活动，加深社会性体验。

在角色游戏中要受角色行为的约束，如医生要态度温和、关心病人，司机开车时要遵守交通规则，妈妈要买菜烧饭、喂娃娃吃饭，警察要帮助大家解决困难。

游戏中不仅要用语言、动作模仿社会角色，了解角色的职业特点，还要体验其情感、态度，从而发展孩子的语言表达能力、良好的人际沟通能力，增强观察、了解社会角色的愿望，体验角色分工，提高遵守社会规则的意识。

家长可以为孩子提供合适的游戏道具，适时地参与到游戏中扮演配角，满足孩子学习社会生活、渴望表现成人生活的心理需要。适合3、4岁儿童的角色游戏有"娃娃家""民警""医院""商店""幼儿园""开汽车"等。

通过游戏，了解周围人们的工作，增强为他人服务的意识和责任感，知道简单的社会行为规范，如交通规则、公共场所秩序等。鼓励孩子自己选择游戏内容、自选扮演的角色、自己制作用具等。

（8）表演游戏

表演游戏是根据故事、童话、舞蹈等文艺作品的内容，指导孩子扮演、表演的游戏。需要背诵一些台词，在充分理解作品内容的基础上，依据作品情节，分角色表达出人物性格。

例如，音乐表演游戏"小鸭和小鸡"，教育孩子与同伴相互团结友爱。家长可以参与到游戏中和孩子分别扮演小鸭或小鸡，一边唱歌一边学小鸭、小鸡走路，按歌词进行表演。

(9) 建构游戏

建构游戏，是让孩子利用各种结构的玩具材料组建拼搭，反映周围生活场景的游戏。例如，用积木、积塑、橡皮泥、竹木制品或金属配件材料等进行建造，也可以利用自然材料，如沙、泥、雪等进行建构活动。不同的建构材料可以启发孩子的建构兴趣、丰富建构活动的内容。

建构游戏对于培养孩子手脑并用、促进创造性思维、提高动手操作能力、学会造型的简单技能等都具有积极的作用。

建构游戏的主题有"新式汽车""儿童游乐园""飞船""大桥""我的幼儿园"等。

(10) 科学游戏

科学游戏，是运用一定的器材，再现某些科学现象的游戏。通过观察、操作，在玩的过程中接受科学教育，形成对周围事物和现象积极探索的浓厚兴趣，从而丰富知识，满足孩子好奇、探索的欲望。例如：

① "萤火虫灯"的游戏，让孩子观察晚上萤火虫会发光；

② "糖和盐不见了"的游戏，让孩子了解水能溶化糖、盐；

③ "沉浮"的游戏，孩子会寻求木块、泡沫塑料浮在水面，石块、金属块沉到水底的原因，了解水的浮力；

④ "指南针"的科学游戏，观察磁铁的特性，培养孩子对科学活动的浓厚兴趣。

(11) 民间游戏

民间游戏，是民间广泛流传并为孩子们所喜爱的游戏。这些游戏通俗易玩、生动有趣，不需器材或只需简单的材料，经济实用，有的民间游戏是祖祖辈辈传下来的。

选择思想健康的民间游戏来玩，让孩子从中受益。例如：

①"抬轿子""骑马"等游戏，培养孩子勇敢大胆的品质，增进家人的亲情。

②"拍手"游戏，可以锻炼孩子的节奏感和注意力。两个孩子面对面，边念儿歌边拍手，动作节奏从慢到快。歌词是"拍手、拍右手，拍手、拍左手，拍手、拍手心，拍手、拍手背。"

③"炒蚕豆"游戏，可培养孩子动作的灵活性。歌词是"炒蚕豆，炒蚕豆，噼里啪啦翻跟斗。翻跟斗，不撒手，炒熟豆豆喂老牛。"

还有翻绳游戏、跳皮筋游戏、手影游戏、家庭魔术等都是孩子百玩不厌的游戏活动。

(12) 生活游戏

生活游戏是在日常生活环节中进行的游戏。用游戏的口吻，通过游戏的形式，在游戏的过程中，培养孩子良好的生活习惯，获得必要的知识，养成爱清洁、勤动脑、生活自理、遵守规则的好品质。例如：

①"穿衣小能手"的游戏，让孩子了解穿脱衣服的先后顺序，通过多次练习，熟练掌握自己穿脱衣服的技能。

②"谁的小手最干净"的游戏，指导孩子了解洗手的正确步骤和洗手的目的，培养孩子爱清洁、讲卫生的好习惯。

③"什么餐具不见了"的游戏，让孩子了解餐具的名称和用途，培养孩子的观察力和反应能力。

④"我在做什么"的游戏，家长做洗脸、梳头、洗衣服等动作，让孩子说出在做什么并模仿做出动作，使孩子理解手势及动作的含义，培养孩子的模仿及快速反应能力。

生活中遇到一些简单的问题可以先征求孩子的意见，如问孩子："你想怎么办?"家长采用问答式,先提出问题,启发孩子思考解决问题的方法,再让孩子动手尝试完成任务,帮助孩子积累解决常见问题的经验,培养思维能力及动手操作能力。

41 选择安全适宜的玩具

玩具的选择主要符合以下几点：

①安全；

②符合孩子的年龄特点；

③能够促进孩子的身心发展。

选择玩具最重要的一件事，就是玩具必须安全。工厂生产的玩具产品，一定要符合产品质量标准，玩具的安全性是产品标准中最主要的一项。自制或自备的玩具，也必须保证安全。

选择的玩具要适合孩子的年龄特点，有的还要考虑性别。

玩具都有安全标准。例如，所用材料要无毒、无味，外涂层使用的颜料要无毒害等；玩具结构要安全，不能有伤害孩子的棱角、毛边、尖顶等，零部件不能易脱落、不能易坏、体积不能太小（选择不易被孩子吞入口中、塞入鼻中、塞入耳中的体积大小），充填物要无毒、易清洗等；电动玩具的电动控制要可靠、不伤人。

总之，买玩具的时候应该查看制造商、产地、主要材质成分、警示标语、产品合格证等标签、标识。确保外购产品和自制、自备玩具符合国家标准、确保使用的安全性。

玩具要有趣、耐用、好用（价格不用太高，因为使用期短），要有科学性，有利于锻炼大脑、增加知识。

游戏的种类很多,相应的玩具也各种各样,如毛绒玩具、塑胶玩具、电子玩具、木制玩具、益智玩具……

家长可以和孩子一起制作简单的玩具,让孩子当爸爸妈妈的小帮手。动手制作玩具,这本身也是一种游戏,孩子很高兴参与,会特别期待快快完成玩具的制作,也会更加爱惜自己制作的玩具。

制作玩具的材料可以就地取材,所用的工具一般家庭都有。我们生活中常见的植物、蔬菜、水果等都可以作为自制玩具的材料。如茄子可以做小猪,麦秸可以做马、做蝈蝈笼,半个核桃壳可以做小乌龟,水果可以做成水果娃娃等,小个的水果还可以做娃娃家或商店的商品等。

利用沙子、泥土、水、小麦粉,还有人工制造的超轻泥、月亮沙等作塑型用的建构材料。和好的泥、小麦粉等,捏成人物、小动物、小碗等形象,或搓成小球,做成苹果、葡萄、小点心。沙子和水可以垒成城堡等。

利用小木块、布头、纸板、贝壳、彩纸、石头、松塔、卫生纸筒芯、雪糕棍、吸管、塑料瓶、易拉罐、海绵、丝袜等手工材料制作丰富多样的玩具。例如:

布头(有花色的更好)缝制成小沙包用来踢,可以在口袋的一角缝上一条绳带拎着踢,布头还可以做布贴画;

纸板、纸盒用来做小房子、小汽车;

彩纸,可以用来折纸、做小风车、做面具、剪纸、做剪贴画等;

小石头可以直接用来做棋子；

松塔随处可见，游玩的时候捡一些回来，涂上颜色，做成小老鼠、刺猬、小蜘蛛等；

纸筒芯，经过装饰后可以做成纸筒娃娃；

雪糕棍可以排在一起在背面贴透明胶，正面绘画，很好玩；

铁线、线绳等可以做滚铁环、套环、手翻线绳；

饮料瓶可以做成瓶子娃娃，也可以装进沙子做哑铃或打击乐器（沙锤）；

易拉罐可以涂上喜欢的颜色，然后吊起来做成风铃等。

游戏是孩子的主要活动，婴幼儿的思维特点是直觉行动性思维→具体形象性思维，思维活动是在动手操作中借助触摸、摆弄物体而产生和进行的。就是说，孩子的思维是与手里摆弄的具体形象同步进行的。所以，孩子的游戏离不开玩具，玩具是开发智力的最佳工具。

42 | 合理安排游戏内容

妈妈爸爸都很重视孩子吃饭。每天吃什么,家长会精心安排食谱,讲科学、讲平衡,满足孩子身体发育的营养需求。膳食结构不合理,会影响孩子正常发育。

同样的道理,孩子每天玩什么游戏,也要有合理安排,游戏内容要满足孩子身心发展所需的各种信息刺激。如果游戏安排得不合理、不科学,容易影响肢体尤其大脑的正常发育。游戏是提供各种刺激的最佳活动,家长一定要重视游戏内容的设计安排,做到符合孩子年龄特点,动静交替。

玩游戏对孩子来说,是日常的主要活动内容,是大事。游戏活动安排得丰富多样,孩子享受童年带来的欢乐就多、各方面发展就快。如果孩子的日常生活中缺少了游戏活动,那么他的感觉活动、肢体运动、智力活动、相互说话交流等就会减少,各方面发展就会滞后。

婴幼儿活泼好动,爱模仿,而游戏能满足孩子活泼好动的天性,激发广泛兴趣,通过反复操作玩具材料,模仿成人、同伴的语言和动作达到游戏目的,体验成功的快乐,是一种最方便、最高效的培育方法。

家长要了解培育婴幼儿的相关知识,尽量成为一个有丰富育儿知识的人。

根据孩子的年龄特点、兴趣爱好,家长要合理安排游戏内容,游戏的设计要遵循适当、适合的原则:

①适当，游戏的难易度适当。要根据孩子的年龄特点及实际发展水平来设计游戏，选择孩子能够完成又有一定挑战的游戏内容来锻炼肢体、刺激大脑，使孩子获得成功感，树立自信心、增强自豪感，更乐意学习。

②适合的条件，根据季节、物质、环境的优势，因地制宜地安排游戏内容。孩子年龄小易疲劳，注意力集中的时间短，所以在游戏中要注意动静交替，体育活动性游戏与安静的桌面游戏交叉进行，减少疲劳，提高兴趣。

多感觉能够刺激大脑发达

43 | 多感觉刺激大脑聪明

从孩子出生开始,就要不断向大脑输送多种感觉信息,刺激大脑神经网络增多、增强,从而促使大脑更发达。

人大脑这样复杂的结构和功能,是先天遗传基因和后天外界环境刺激共同作用的结果。大脑在孩子出生时,就先有一套基因规则,决定着如何接受知识并由后天感觉信息刺激而成型。人生早期受到的感觉信息刺激,决定哪些神经细胞的突触存活、哪些消亡。

感觉,是大脑对直接作用于感觉器官的客观事物的个别特性的反映。感觉是最简单、最基本的心理过程,是形成各种复杂心理的基础。

大脑是人体的指挥中心,负责加工处理输入大脑的各种感觉信息;感觉器官负责获取信息;神经网络好像是高速公路,负责将感觉信息上传给大脑神经中枢,再把大脑发布的指令下达到效应器产生相应的动作。

在孩子身心发育的关键期,提供尽量多的感觉刺激,能够促使大脑神经网络发达,提升智力。这一阶段,如果没有感觉信息刺激大脑,大脑就不会作用,也不能产生对感觉的认知。所以,婴幼儿时期需要大量来自感觉器官的各种信息,对大脑进行适时、足量的刺激。

44 | 感觉器官有5种

外界信息对大脑的刺激，主要是感觉信息的刺激。感觉信息是由感觉器官搜取的。

人的外部感觉器官有5种，即眼睛（视觉器官）、耳朵（听觉器官）、鼻子（嗅觉器官）、舌头（味觉器官）、皮肤（触觉器官，包括全身皮肤）。

还有一类感觉是反映机体本身各部分运动或内部器官发生的变化，这类感觉是内部感觉，内部感觉有肌肉运动觉、平衡觉和内脏感觉。

除感觉外，对大脑的刺激，还有说话、肌肉关节活动，智能作用及人的潜意识作用等（图8）。

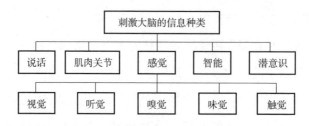

图8　刺激大脑的信息种类

感觉器官把从外界搜取到的信息，通过感觉器官专有的神经通道传递，并在专有通道内，将感觉信息转化为电讯号（即大脑通用语言），输入大脑进行处理。

新生儿最早出现的感觉是皮肤感觉。新生儿和1岁前的孩子，口腔是主要的触觉器官，之后手成为主要的触觉器官。婴幼儿最主要的感知觉是触觉、听觉和视觉。在胎儿期，这些感知觉就已经形成并有所发展了，触觉发展得最早。婴儿在早期通过口腔触觉和手的触觉来探索外部世界。

随着月龄、年龄的增长，大脑更多区域开始作用，各区域的神经网络逐渐完善。视觉、听觉、嗅觉、味觉、触觉等各个感觉区的神经网络，在1岁时大致完善。负责肌肉关节活动的皮层运动区也迅速发展。

科学家通过对感觉器官的研究发现一个现象，即感觉信息需经过加工，才能被大脑处理认知。大脑有专门区域负责组织处理相应的感觉信息，如视觉区专门处理视觉信息。

45 | 感觉信息进入大脑生成感觉

感觉产生的过程：收集外界信息（接受信息刺激）→ 把进入的信息能量转换为神经冲动（转换编码）→ 将信息传到大脑皮层，对传入的信息进行有选择的加工 → 在感觉中枢，被加工为具有各种不同性质和强度的感觉。

能由眼睛看见、耳朵听到、鼻子嗅到、舌头尝到、皮肤触到的外界信息刺激，是5种外部感觉。这些感觉并非由上述5种器官直接认知，而是感觉器官把从外界搜取来的感觉信息，通过专有通道输入到大脑中，在大脑中的专门区域经加工生成感觉，后又从原输入的通道返回到各感觉器官，人就感受到了这些感觉。如果没有感觉信息输入给大脑进行加工，也就是没有感觉信息对大脑的刺激，大脑也不会生出感觉。

以眼睛看见物体为例，外部环境的信息刺激（景物），通过视网膜到达初级视觉区，再传到高级视觉联合区，直到认知出物体。在大脑处理完认识的过程后，来自高级视觉联合区的认知返回，向下传到初级视觉区，直到被认知物体呈现在感觉器官。

平时，我们看到的外部世界，是视觉信息经过大脑相关网络大量的运算过程，才被大脑感知到，然后返回到视觉器官（眼睛）。

视觉以外的感觉如听觉、触觉、味觉、嗅觉，感觉信息的感知过程，都如同视觉区一样。

神经元之间神经冲动的传导是单方向传导，即神经冲动只能由一个神经元传导给另一个神经元，是不能反方向传导的，这是因为递质只在突触前神经元的轴突末梢释放。由于突触单向传递的特性，使整个神经系统的活动能够有规律地进行。

听觉：人的听觉系统（听觉皮层，是破译声音编码的较高层次的大脑区域）进化有声波编码功能，不同于神经系统的其他细胞，它可以分辨出声音音调的高低、音强的大小和音色波形的特点等，通过音色分辨出不同物体发出的声音，如能够分辨出熟人的说话声，甚至通过上楼梯的声音分辨出来是哪位家人的走路声。

触觉：人类有独立的神经网络来感受触摸，触摸引起的感觉可以分为痛、温、冷、触（压）四种基本感觉。触觉神经网络遍及肌肉和皮肤，一旦受到刺激，便能将信号传递给大脑。

味觉：舌头能分辨进入嘴里东西的味道，如甜、酸、苦、辣、咸，还可分辨出谷氨酸钠（味精）的鲜味。

嗅觉：人觉察气味，是从鼻腔内位于鼻上皮的气味受体开始。气味受体被气味激活后将信息传给嗅球，嗅球充当鼻子与大脑的转换站。鼻子与大脑之间的联系，是嗅球将其轴突延伸到大脑边缘系统，边缘系统是人的情感、性欲及行为动机的中枢。嗅觉信息从鼻腔到嗅球、再到边缘系统，比视觉和听觉的传导路径更为直接。

有了感觉，可以分辨外界各种事物的属性，分辨颜色、声音、软硬、粗细、重量、温度、味道、气味等；了解自身各部分的位置、运动、姿势，感受到饥饿、心跳；能够进一步进行其他复杂的认知过程，感觉是各种复杂心理过程（如知觉、记忆、思维）的基础，是孩子认知外界的第一步。

46 | 家长和孩子一起感觉

多说话、多游戏、多感觉，用外界信息刺激孩子的大脑，能够让孩子更聪明。

2~3岁的孩子，自己还不能有意识、有计划地安排自己怎样做，妈妈爸爸要有意识地在日常生活中引导孩子感觉。

例如，对物体颜色、形状等方面的感觉认识：

室内的家具、家电、日常用品、食物有各自的颜色和形状，画册上有丰富的颜色、形状；

室外的山水景物、楼房建筑、汽车、人物等有不同的颜色、形状；

带孩子去超市、商场、书店等，一起去感觉更多物体的颜色和形状。

家长和孩子一起观察感觉时，要及时讲解是什么颜色、什么形状的物体，加深感觉和认知，丰富孩子的知识。

外界的各种信息通过感觉器官传入大脑，大脑进行处理后又返回到感觉器官，呈现出对物体的认知。家长要及时把孩子能够接触到的事物逐一介绍，反复明确强化，让孩子了解事物的名称、外形特点、简单用途等，使之与眼睛看到的实物匹配，以便存储在大脑中，成为知识。

让孩子参与做力所能及的家务劳动，锻炼感觉。

例如，让孩子洗手帕、叠手帕、晾晒小衣物，穿衣服时自己扣纽扣、拉拉链、系鞋带、拧开瓶盖、扭开门把手、用小镊子夹物、用手工剪刀剪纸等，有意识地训练孩子手部小肌肉的灵活性,增强感觉的灵敏性,同时提高生活自理能力、感受劳动的乐趣。

到公园、郊外游玩时,可跑、可跳、可上下平缓的台阶,一方面锻炼了身体,另一方面丰富了感觉和感性。孩子对周围环境充满了好奇,对花、树叶、天上云彩的颜色、形状,对花草等的香味也很感兴趣,会向妈妈爸爸问这问那;同时还能听到小鸟叫声、流水声、风声、雨声、雷声等,家长和孩子一起体验感觉、产生感性。春夏秋冬到郊外公园,各有一番景象,需要家长找时间和孩子一起去感觉。

47 | 视觉在大脑中的生成途径

眼睛看见景物，是景物被光照的光束，反射到眼睛的视网膜上，这一光束信息在眼睛（视觉器官）里，转化成通往大脑的电讯号（图9.1a），再传输到大脑皮层的初级视觉区（图9.1b），在这里被分解成微细线或小的色点，再传输到大脑皮层的高级视觉联合区，由相关的皮层系统进行识别认知。

在大脑认知视觉的过程中，要有"什么系统"（图9.2b）和"哪里系统"（图9.2a）配合进行。

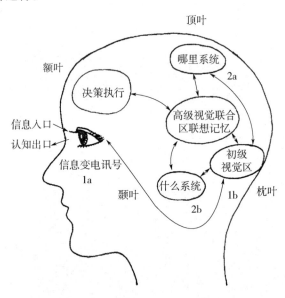

图9 视觉生成途径示意图

大脑颞叶的"什么系统",有处理景物形状和颜色的神经细胞,这些神经细胞专门对各种姿态、颜色、形状有反应。苹果和西红柿均有红色,都是圆形,这些信息刺激专门针对红色、圆形物体的神经细胞,并根据已有经验做出辨别、认知反应。

"哪里系统"位于大脑顶叶,该系统的神经细胞针对物体的不同位置发射信号,辨别物体的距离定位。

当"什么系统"(内容)和"哪里系统"(空间方位)的神经细胞受到输入信息的刺激时,能把各自信号在一个更高级的亚系统进行合成,用来存储联想记忆。"什么系统"和"哪里系统"的信号,在联想记忆中得到匹配,就可以感觉到物体是什么并知其方位。

认知过程中,输入的信息与联想记忆区调出的存储景象进行对比。如相同则被识别认知。如原来没有存储相关景象,则不能对比、不能识别。孩子从没见过的景象,也没记忆,就无法识别。此时,必须有家长指导讲解才能认识。

平时认为只需要眼睛(视觉感官)就可以看到物体,实际上并非如此。人看见景物的现象需要一系列复杂的认知过程:看到的景物进入眼睛后输入大脑,经过大脑的处理识别认知(外界的视觉信息,通过视网膜传到初级视觉区,又传到高级视觉联合区认知),然后,信号按原路径返回到初级视觉区,被认知的物体反馈到眼睛里,这时眼睛先前看到的景物或物体才被认知。

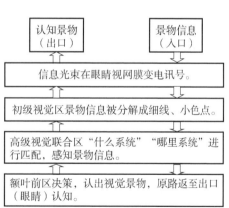

图 10 视觉生成传导图

其他感官感觉到的信息,在大脑中被认知的途径,与视觉生成途径类似,但各有各的途径。

48 | 指导和教育能让感觉变成知识

人是学而知之，通常孩子上幼儿园、小学、中学、大学，都需要老师讲课、指教、答疑解惑。通过老师指导、学生学习，才能学到知识。

从出生开始，孩子感受到外界的大量信息，这些信息通过感觉器官获得，大脑接受输入的信息并进行处理。在第一次接触新信息时，必须有人指教，才能使这些感觉信息变成知识。

因为在识别时，大脑要对输入的感觉信息进行比较判断。须有事先存储的信息样本匹配对照才行，而第一次接触新信息时，没有存储的样本与之匹配，所以必须有人指导，告诉这个是什么，大脑才能将这一样本记忆存储在案，下次遇到同样的信息时，便可以作为样本对比，加以判断识别。

孩子第一次见到西红柿，大脑只能认知是一个圆圆的、红红的东西，而不能判断是西红柿还是苹果，或是别的什么东西。经家长指教后，明确了西红柿的特征，知道是圆的、红色的、有酸味、可以生吃、可以做菜吃，存储了西红柿的认知记忆。第二次再遇到西红柿，就能迅速进行比对判定。所以第一次遇见新事物时，要有人指导，才能将感觉信息变成知识。

孩子第一次遇见新事物时，不管孩子问不问是什么，家长都应主动指教，而且要准确、耐心地向孩子介绍。为什么有的孩子接触过不少事物，却认知不多，就是缺少家长的指导。孩子知识积累少，不利于智力发展。

婴幼儿时期，是智力迅速发展的时期，要尽量及早丰富孩子的知识，尽量多地把感觉变成知识。随时随地引导孩子认知周围环境中的常见事物，扩大视野，积累知识储备。

我们身边丰富多彩的自然界，就是孩子学习的生动课堂。孩子第一次见到新事物时，家长都应给予正确指导。

例如，常见的动物、植物及一些自然现象。

植物：引导孩子观察树木、花草、蔬菜、果实、农作物等。

生活中常见的茄子、黄瓜、西红柿、萝卜、马铃薯、白菜等蔬菜；香蕉、苹果、葡萄、杏、桃、梨等水果；大米、玉米、小米、小豆、黄豆、花生米等粮食；还有向日葵、菊花、马莲花及各种野花、青草……

动物：猪、牛、羊、兔、狗、猫等；还有家禽鸡、鸭、鹅等；公园里有老虎、狮子、猴、孔雀、蛇等；各种昆虫等如蝴蝶、蜻蜓、蚂蚱、螳螂、蜗牛、蚂蚁、蚯蚓……

自然现象：春夏秋冬，下雨、下雪、冰雹、白天、黑夜、蓝天、白云等。

交通工具：公交车、地铁、火车、飞机、轮船、自行车、电动车、摩托车等。

建筑场所：高楼、平房、图书馆、电影院、学校、幼儿园、商店等。

生活用品：锅、碗、盘子、筷子、饭勺、刀、叉、铲等。

家居用品：床、桌子、椅子、沙发、柜子、纸张、各类笔等。

玩具：球、拼插玩具、布娃娃、木制玩具等。

乐器：鼓、钹、小提琴、钢琴、胡琴、号、古筝、笛子等。

电子产品：手机、电脑、电视机、冰箱、洗衣机、空调、烤箱、微波炉、面包机、热水器、电饭煲等。

在日常生活中，有意识地让孩子多看、多听、多摸、多闻、多尝、多感觉、多说，让更多感觉变成知识，有利于提升孩子的智商和情商。

适时指导能让感觉信息变知识，这是一个很重要的任务，需要家长的耐心和坚持不懈的努力。

49 | 多锻炼感觉感性

感性指人情感丰富，能对别人的遭遇感同身受，感受力很强，能体会任何事物情感的变化。

感性离不开感觉，没有感觉也就没有感性。

各种感觉的感性不同，如视觉的感性有美丽、丑陋、俊俏、新旧等；听觉的感性有声大、声小、好听、难听、旋律优美等；嗅觉的感性有香、难闻、清新等；触觉的感性有光滑、冷热等。

没有外界感觉信息输入大脑，大脑就不会生成感觉，也不能同时生成感性，生成的感觉、感性返回到感觉器官进而完成对感觉信息的认知。因此外界感觉信息输入越多，大脑活动就越多，就会促进大脑的发育，使大脑更发达。

生活中有很多机会，孩子会自然地有所感觉。但为了大脑更发达，家长要有意识地及时引导，反复多次地强化感觉、感性。

有计划地设计出一些游戏活动，锻炼孩子的感觉、感性。例如，通过游戏，使1~2岁的孩子识别圆形、三角形、四边形（长方、正方）等形状的不同，能指认红、黄、蓝三原色。

2~3岁时，通过摆弄观察，理解物体从平面形状到立体形象的联系。感知三原色之外的颜色，感受颜色微妙的不同。

视觉信息，不仅有形状和颜色，还包括倾斜度、边缘、亮度、宽度、质感、长度等特征，这些信息在高级视觉联合区处理。为了理解这些感觉信息，需要对各种感觉及感性进行反复锻炼。

吃饭时，家长夹起一种食物递给孩子说："这个酸酸甜甜的很好吃，你尝一尝！"，孩子品尝后，自然就理解了"酸酸甜甜"。对好吃的食物产生兴趣，大脑腹侧被盖区（VTA）会分泌旺盛的好心情多巴胺，有利于锻炼感觉和感性。

锻炼感觉、感性的机会很多，如吃饭时让孩子感受饭菜的冷热、香味以及好吃、辣、咸等味道，感受面食的颜色、触感等。

2岁左右的孩子能够分辨出声音的强弱、节奏感及声音的微妙不同。就像感知看到的物体、听到的声音那样，对味觉、触觉信息的刺激，同样能正确敏感地感知。家长要创造条件帮助孩子感受各种信息，越多越好。

孩子见到的、听到的、嗅到的、尝到的、触到的感性，家长可以用语言介绍说明，引导孩子对事物有真实的感受和理解，这样不断积存，在大脑里就会产生敏锐的感觉和丰富的感性。

婴幼儿通过多说话、多游戏、多感觉等，来锻炼感觉和感性。多刺激大脑，促进大脑不断发达。

50 | 玩耍包含说话和感觉

玩游戏的过程中，大多要说话。家长和孩子说话，孩子和孩子说话，需要经常不断地进行语言交流，所以玩耍包含说话。游戏需要有各种感觉器官参与，这些外界信息都会输入大脑，形成对大脑的持续刺激，玩游戏能够促进大脑发达。

例如，《鸭妈妈找小鸭》的游戏。

准备5只玩具小鸭，两只白色的小鸭，三只黄色的小鸭。

游戏前，把两只小鸭放到水盆里，两只放到纸盒后面，一只放到毛巾做的窝窝里。妈妈扮演鸭妈妈，爸爸扮演鸭爸爸。

游戏开始，妈妈、爸爸说："嘎嘎嘎、嘎嘎嘎！ 请帮忙找到我们的鸭宝宝，好吗！"

孩子开始各处寻找，一下就在水盆里找到两只小鸭，说："我找到了两只小鸭！"

妈妈问："是什么颜色的小鸭？"

孩子回答："一只白色、一只黄色的！"

妈妈表扬说："你真棒、真能干！"

妈妈："一共5只小鸭，你找到了两只，还有几只没找到？"

孩子想一想，回答："还有三只。"

妈妈表扬说："你真聪明，算对了！"

孩子继续寻找，又找到了两只，说："我又找到两只小鸭，一只白色的，一只黄色的！"

妈妈说："你真能干，真聪明！"

爸爸："嘎嘎嘎、嘎嘎嘎！"

妈妈："鸭爸爸在叫，快去看看！可能是爸爸找到最后那只小鸭了！"

孩子跑过去说："毛巾窝窝里有！一只小黄鸭！"

妈妈："一共5只小鸭，是不是都找到了？"

孩子想一想说："是！全找到了！"

爸爸："是我找到的这只小黄鸭！"

妈妈："爸爸找到的，该不该表扬他？"

孩子："爸爸真能干！"

整个游戏过程中，有说话、有感觉、有智力问答、有跑来跑去寻找小鸭子的肢体运动，还有对孩子的鼓励表扬，是一个充分调动各种信息刺激大脑的游戏，家长有空时可以带孩子玩一玩。

第四章
实操活动及游戏

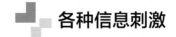
各种信息刺激

51 | 语言类活动及游戏

· 婴儿

(1) 逗孩子说话

听觉是发育较早的感觉器官,孩子出生后就可以开始听说练习了。家长要经常微笑着和孩子说话,不要认为孩子听不懂就不说。

婴儿4~5个月以后就可以自己"咿咿呀呀"的"说话",这时和孩子说话,他会以"咿呀"作答,表现得很愉快。家长多逗孩子说话,孩子就能早一些开始说出单字、叠音、两个字的话来。

多与孩子互动说话,孩子愉快地与家长进行语言交流、情感交流,能够促进语言表达、情感和理解能力的发展。

(2) 说唱儿歌

妈妈抱着孩子,常常会轻轻、缓慢地说唱歌谣、儿歌。孩子有惊人的接收语言的能力,在听的过程中接收大量语言信息。语言刺激能积累词汇,促进孩子听觉和发音器官的发展,促使孩子早说话。

妈妈的声音柔和，童谣、儿歌押韵，经常给孩子说唱儿歌，能够培养孩子的语感。

可以选择简单、好听、朗朗上口的童谣、儿歌。例如：

《外婆桥》

摇啊摇，摇啊摇，

一摇摇到外婆桥，

我给外婆行个礼，

外婆叫我好宝宝。

(3) 教模仿发音

抱孩子的时候，孩子面对着妈妈，妈妈发出"爸爸——""妈妈——"等声音，让孩子看着妈妈发音的口型模仿发音。孩子会模仿妈妈的样子练习，逐渐发出声音。孩子是从多听、多模仿说话学会说话的。

(4) 教说"再见"

婴儿5~6个月的时候，妈妈跟孩子说"再见"，然后摆一摆手走了。再回来反复说"再见"、做摆手的动作，孩子也跟着摆手，表示再见。小一些的孩子还不会说"再见"，但"语言＋辅助动作"能帮助孩子理解简单语句的含义。

当家长说"再见"要走时,孩子就会摆手表示与家长再见。也可教孩子别的动作,如用双手互相对拍来表示欢迎等。

· 幼儿

(5) 听讲故事

选择孩子能够理解、有教育意义又有趣的故事,声情并茂地给孩子讲,锻炼孩子的听力和理解能力。听力是说话的基础,从听说话中孩子可以逐渐学会说话。

讲故事,要有声有色,吸引孩子的注意力,让孩子听得入神。有趣又有教育意义的故事类型有很多,如绘本故事、睡前故事、童话故事,还有科普故事、历史故事等等。

(6) 看口型学说话

家长和孩子说话交流时,让孩子好好看着对方的眼睛、口型,集中注意力认真倾听。这样可以养成良好的对话、交流习惯,一是容易理解对方说话内容,二是对说话者的尊重。从小培养与人交往的良好行为习惯,可受益一生。

孩子学会说话,就是从听家长说话、理解说话内容、尝试、锻炼表达自己的想法和需求开始的。

(7)说话要准确、清晰

和孩子说话,要准确、清晰。说的每一句话、每一个字,发的每一个音,都要准确、清晰,用标准语言,绝不用儿语。多使用文明用语"请""您好""谢谢""再见"等。

(8)识字有多种方法

识字和写字属于语言范畴,识字有利于多学知识、开发智力。一般认为孩子学习识字的最佳年龄在 4~5 岁。2~3 岁就可以先接触学一点，这样能够培养孩子识字和阅读的兴趣。

识字有多种方法，通常采取看图识字、点读识字、拼字游戏识字以及常用多见字识字法。

看图识字法，有这样一类图书、挂图等，页面上大部分为图案，下面标注相对应的汉字。家长和孩子一起看图，同时读出图上标注的汉字，常看常读，孩子就认识了。

点读识字法，（强力推荐，是作者在工作和生活中经常使用、简易高效的识字方法）一本书（图多字少）从头到尾反复讲给孩子听，家长在讲解图书的时候就有意识地握着孩子的手指，点一个字读出一个字，孩子对这本图书的故事内容比较熟悉后，自己也会模仿家长的样子用手指点一个字读一个字。家长要看看孩子读得对不对，发现错误及时纠正。用这种方法识字，识字量会迅速增加，比较省时省力，是学龄前阶段比较高效的识字方法。

拼字游戏识字，家长可以打印并剪出一些同类或不同的汉字偏旁卡片，如氵、艹、讠、扌等偏旁，再做出与偏旁拼合的一些字卡，让孩子组合成一个完整的字。开始时，家长可以示范拼字，讲解字意、读出正确发音。孩子有兴趣后，自己玩拼字游戏，可以认识更多的字。

常用多见字识字法，对周围生活中常用多见的字，先教正确读法、讲解字意，再让孩子理解每个字、每个词组的意思，孩子在理解的基础上识记，记忆效果非常好。

如自己的名字叫小石，几乎天天用，家长写出小石两字，孩子天天看，自然就认识了。同样，中国、北京、幼儿园、爸爸、妈妈、自己的姓氏等等常见字。还有阿拉伯数字 1~10 及汉字小写数字一至十也可学会。

因为孩子小，不追求认识更多字。日常生活中常见到的小动物、地名等认识一些就可以了。仅是为以后识字奠定基础，培养孩子学习识字的兴趣。

(9）写字不求多

孩子注意力集中时间较短，不能久坐，手部小肌肉发育尚不完善，手、眼、脑之间的协调性也差，加上不太会拿笔，写出的字往往不够规范。孩子初学写字，家长要多给予表扬、鼓励，不能让孩子对写字失去兴趣。

可以写孩子已经认识的字，如阿拉伯数字、自己的姓名、笔画简单的常见字，如上、下、大、小、天、日、田等。在书写前期，应引导孩子多画画，锻炼手、眼、脑的协调性，不要急于让孩子写字。

识字、写字，会像说话一样，刺激大脑的语言神经网络。

（10）一起阅读绘本

2、3岁的孩子，特别喜欢听妈妈读书。绘本有很多种，大多是图多字少，色彩丰富。有的童话故事中，各种动物绘有拟人的长相，所以孩子特别喜欢看书。

读书时，孩子和家长坐在一起，一边看图、一边听读书。孩子喜欢听听过的、熟悉的内容，可以一起反复读。

一段时间后，孩子熟悉了书中内容，可以让孩子来读书。孩子读书时，可以采用点读识字的方法，就是用食指点一个字、读出这个字，逐字点、逐字读，遇见不认识的字时，因为有对图书内容非常熟悉的基础，孩子也可以顺读出来。这样做，可以很快提高识字量、丰富词汇、增长知识，又能锻炼孩子的说话能力。

进一步请全家人分角色表演，故事表演既锻炼了口语表达能力、发展了大胆勇敢的性格、检验了孩子对书中内容的理解程度，同时也增加了家庭成员之间的亲密度、创设了轻松愉悦的家庭氛围。

(11) 涂鸦自由画

家长可以把家里的一个区域布置成绘画角，给孩子准备好白纸、彩笔、油画棒等，特别注意要有良好的采光条件。在绘画游戏之前，家长和孩子共同规定绘画的范围，规定什么地方可以画画，哪些地方不能随意涂画！这一点很有必要，避免孩子到处留下涂鸦的痕迹。

开始画画了，家长和孩子一起在白纸上自由画，家长也要模仿孩子的绘画风格，如点点、曲线、绕圆圈等。家长不要画得太好，如果家长画得非常好，孩子会将兴趣转移到看家长绘画上来，自己不想动手绘画了。带动孩子绘画涂鸦的兴趣以后，就可以放手让孩子自由绘画了。

家长要多鼓励、少指导，不要指责孩子作品不像、不好，少给孩子规定条条框框。要鼓励孩子天马行空的自由想象、随意发挥，不要束缚孩子的自主思维。

对孩子的"作品"，家长可以用引导的方式提出问题，如"你画的是什么？""他们在做什么？""还有什么？"等等，让孩子讲一讲自己的作品，这时孩子往往是讲得比画得好！

孩子很喜欢涂鸦，在不断绘画的过程中，能逐渐掌握好手拿笔的轻、重力度，锻炼了手部小肌肉的灵活性，提高了孩子的观察能力、注意能力、思维能力、想象能力、记忆能力和口语表达能力，全面促进智力发展。所以，涂鸦活动对孩子来说是非常重要、有益的活动，是每个人必须经历的成长阶段！

(12) 练习连线和涂色

1岁后的孩子，能在纸上画好的两个点之间进行连线。1岁半后，手腕动

作更加顺畅，可以画横线。2岁时能画竖线、画螺旋线。2岁半时，拿笔较稳固，可画流畅的线条和封闭圆形。孩子做连线、涂色练习的目的是锻炼手部肌肉的灵活度，训练手、眼、脑之间的协调性。

涂色游戏时，遵循图案由简单到复杂，颜色由单一到多种的规律进行。例如，预先在纸的中间画一个大苹果。涂色时，孩子可以选择一种自己喜欢的颜色来涂，尽量把图案涂满，不留白。作为奖励可以将画好的作品贴在墙上展览，让孩子体会成就感。涂色游戏还可以画梨、香蕉、葡萄、小鸡、房子、花朵、小汽车、蝴蝶等等。

连线游戏，主要以画线条为主。画横线、竖线、曲线、圆圈等，开始时可以玩虚线连实线的游戏，反复多次进行连线练习。孩子能够熟练掌握握笔姿势，笔道顺畅后还可以增加难度，妈妈在白纸的两端画上两个小苹果（或其他形象），让孩子把两个小苹果连上（可用横线、竖线、曲线、螺旋线、锯齿线等线条）。通过基本画线练习，孩子运笔更有力，控制笔的准确性增强，锻炼了手的灵活性，更加喜欢画画了。

(13) 沿手的边缘画手形

在桌上铺一张白纸，不拿笔的那只手五指分开平放在纸上，用另一只手拿笔沿着手指间隙描画，把手的外形轮廓描画出来。画手时，妈妈可以一同来画，起到示范的作用。

(14) 沿边缘画曲线板

像画自己手的轮廓一样,曲线板(或叫云尺)平放在白纸上,可用一只手按住曲线板固定不动,另一只手沿着曲线板的边缘描画,轮廓画好后可以适当添画,孩子往往对玩这种新鲜的工具很有兴趣。

(15) 画人物

孩子特别喜欢画人,2岁左右就能画出简单的站立人的全身像,只是有头、躯干和两条腿,身子由一条竖线表示。随着年龄增长,对人观察了解多了,就能正确理解人的样子,画出更加形象的人物了。孩子从自由涂鸦到不断进步,也证明了大脑神经网络在逐渐增强增多,大脑更发达。

(16) 想象画

随着孩子知识增加、想象力不断丰富,在绘画作品上就能表现出来。除了画些平常所见的景物和绘本上的画外,还会加上一些离奇的想象。如画天上的奇异形状的云彩、飞鸟,画类似飞机一样的飞行器,连人也会长出翅膀和小鸟一起在天空中飞。鱼在海里游,人也可以在海里游,汽车能在水中开,还会画一些叫不出名字的房子也在水中建起来。画一棵果树结出了苹果,还能结出茄子、西红柿,是一棵万能的树。狗能看家,鼻子一闻便知谁是坏人,做假食品、有毒食品的坏人也躲不过狗的鼻子……

孩子在画想象画之前,最好根据本次绘画的主题和孩子一起讨论一番,发散思维、拓展想象力,激发孩子绘画的愿望,进一步明确要画的内容。这样做,更容易达到预期的绘画效果,让孩子体验到成功的乐趣。

(17) 指认五官

家长先教孩子五官的名称(反复多次),再玩"鼻子在哪里?"的游戏。

家长:"你的鼻子在哪里?"

孩子用手指指一指自己的鼻子:"我的鼻子在这里!"或"这里!"

家长:"你的眼睛在哪里?"

孩子用手指指一指自己的眼睛:"我的眼睛在这里!"或"这里!"

家长:"你的耳朵在哪里?"

孩子用手指拉一拉自己的耳朵:"我的耳朵在这里!"或"这里!"

家长:"你的嘴巴在哪里?"

孩子用手指指一指自己的嘴巴:"我的嘴巴在这里!"或"这里!"

还可以玩"这是什么"的游戏。

家长指着自己的鼻子问:"这是什么?"

孩子回答:"那是鼻子!"或"鼻子!"

家长有意识地教孩子认识周围物品,知道它们的名字,简单介绍用途。

孩子熟悉认识后就可以玩"在哪里"和"叫什么"的游戏了。

"在哪里"游戏，家长叫出身边物品的名字让孩子指认在哪里。

"叫什么"的游戏，家长指着身边的物品问孩子叫什么名字。遇到孩子不认识或不能正确发音的物品要及时教会正确名称和标准的发音。这样熟悉之后，对周围更多物品，都可以指物叫名字、叫名字指物了。

玩这个游戏，孩子增加了知识，锻炼了说话的能力，听力、记忆力也得到了锻炼。

(18) 说句子

见到实物和遇到实事，教孩子说出一些句子。如见到小狗，说："这是小狗。"妈妈在厨房做饭，说："妈妈在做饭。"见到爸爸开门去上班，说："爸爸去上班。"等等。

日常生活中遇到的事情要随时讲解给孩子听，经常这样，孩子也会说出长一些的句子，如"妈妈带我去公园。"等等，多说话能刺激语言神经网络增多增强，促使大脑更发达。

52 | 手指活动及游戏

· 婴儿

(19) 手指抓物、拾物

几种小玩具（用手可以抓取的）放到桌子上，妈妈抱着孩子看，让孩子去抓一个，递给妈妈。再让孩子去抓一个，递给妈妈。孩子还可以用两只手去抓，然后和妈妈一起玩。孩子用手抓物、拾物，能够锻炼手部小肌肉的灵活性和准确性。

(20) 垒积木

妈妈先教孩子垒积木，不管孩子垒多高、垒多少，都要给予鼓励。垒积木的游戏能够锻炼孩子判断力、想象力、创造力和动手操作的能力。

(21)插钥匙孔

妈妈抱孩子回家,每次开门时,可以把钥匙交到孩子手上,让孩子把钥匙对准钥匙孔插到锁孔里,然后妈妈转动钥匙把门打开,孩子很愿意专注地做这件事。锻炼了手指的精细度和灵巧性。

(22)投物进洞

准备一个不用的大纸盒箱子,在纸盒盖上开出一个圆孔。孩子可以把一些积木、小球等能从圆孔通过的小玩具,一个个从圆孔投入纸盒中。锻炼孩子的判断能力、投掷准确性和手指灵活性。

(23)逗逗飞

妈妈双手握住孩子的双手,使孩子的双手食指对碰、再离开。妈妈一边说"逗逗——飞",一边握住孩子的手用食指(说"逗逗"时)对碰,(说"飞"时)离开。游戏反复多次进行,孩子觉得好玩,妈妈下次再说"逗逗——飞"时,孩子就会自己主动做出食指对碰、离开的动作,锻炼孩子手指的灵活性。

·幼儿

(24)折纸飞机、风车等

用正方形、长方形的白纸或彩纸按照一定的步骤折叠,可以叠成很多形状。家长可以和孩子一起折纸飞机、风车、轮船等,完成后玩一玩,非常有趣。折纸是传统游戏,我们小的时候都玩过。

折纸飞机有几种方法,开始玩时,先折步骤简单的。折好后,单手高举使劲投向空中,纸飞机会向前飞去。孩子在旁边看着家长折叠,再把飞机投向空中,会激发好奇心,有自己也想试试的愿望。鼓励孩子尝试把纸飞机投向空中,如果有兴趣还可以让孩子自己也试着折飞机。这个游戏锻炼了孩子手指的灵活性和投掷能力。

自制小风车，折法如下图。将正方形纸对角折线，从四角向中心剪开一段，再将剪开部分向中心折起，形成风车轮，共折出 4 个风车轮。把风轮叶尖粘贴在中心点上。用一个按钉将 4 个风车轮的中心固定在一根细木棍上，风车就做成了，风车会迎风旋转，非常好玩。

（25）双手捧物

平常生活中用双手捧物的动作很多，如教孩子双手捧水洗脸、捧豆子放到盆里、捧沙子玩等。手作为工具用，做捧物的动作时，手指之间紧密无缝是必要的，手指靠紧是一种技巧。孩子通过练习能够做好这个动作，也懂得了这一技巧的要领。

（26）用手旋拧

生活中很多情况下会用到旋拧的动作，如教孩子洗过的毛巾要拧干、开瓶盖要用手拧，开门时要旋转门把手等。用手做旋和拧的动作时，手腕要转动，这也是一个有难度的动作。孩子到 2、3 岁时才能顺利进行，是手部精细动作的进步。

所谓手巧心灵即是手指技巧锻炼的目的，主要是因为手指活动是手、眼、脑协调一致的结果，手部精细动作能够有效刺激大脑神经网络增强，让大脑更发达。

（27）两手缠线

帮妈妈缠线，要求双手协作把线缠到线轴上。妈妈要做示范给孩子看，手把手地教。开始缠线时，孩子拿线轴的手会跟着缠线的手一起运动，不能很好地缠绕。动作要领是拿线轴的手不动，拿线的手进行缠绕运动，需要孩子合理分配注意力。多练几次，慢慢地就熟练了。

（28）勺子舀物

手拿勺子，把盆中的豆子舀到另一个盆里。拿勺子的手要平稳，手用力的大小要控制恰当。用勺子熟练了，就可以自己拿勺子舀碗里的汤来喝，这个动作更难一些，孩子多多练习也能熟练掌握这个动作。

（29）镊子夹物

手拿镊子夹物。要求注意力高度集中，锻炼指尖捏的技巧，提高孩子的专注力，是高难度的手指精细动作。例如，让孩子用镊子把杯子中的方糖夹到碗里，刚开始夹时可能不得要领，经过反复多次练习后，就能掌握这个动作。

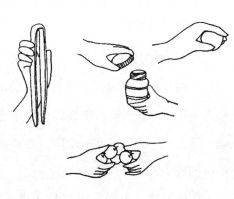

(30) 用剪刀剪纸

孩子使用剪刀一定要用儿童专用的安全剪刀。使用期间，剪刀尖要朝向前方，千万不能朝向自己，也不可以朝向旁边的小朋友。剪刀使用后，要关合好并放回原处，不可以拿着剪刀到处跑。

开始使用剪刀前，家长要示范正确剪法，全程看管孩子使用剪刀，注意使用时的安全！

初期可以剪纸面条（剪成细纸条）；再剪宣传画上可爱小动物的轮廓；较熟练后可以配合折纸进行折剪；熟练后可以剪窗花，剪好后贴在窗户上观赏，孩子有兴趣、有成就感。

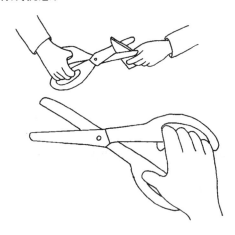

(31) 手指开合纽扣、子母扣

把注意力集中在两只手的手指上，进行细小的动作练习。能按合、掀开子母扣；能系上、解开纽扣。开合子母扣、纽扣的技能，服务于生活，能够培养生活自理能力。

在家里穿衣服时，尽可能让孩子自己来做，多多练习自然就熟练了。孩子自己穿脱衣服、扣纽扣可以锻炼手部小肌肉的灵活性，从中体会到能够自己做事的成就感。

(32) 使用黏胶

妈妈和孩子一起，使用双面胶粘贴小花或照片。先撕下一小块双面胶贴在小花的背面，用指甲轻轻地掀起双面胶的皮并撕掉，留下胶质粘贴在画纸合适的位置上，最后用手掌压实即可。

这个动作看似简单，孩子需要经过多次练习才能掌握。

(33) 穿珠子、系鞋带

穿孔洞的动作能锻炼孩子双手的协调性、灵活性。孩子一只手拿珠子、另一只手拿线绳的头，穿进珠孔里，可以制成手链、项链，穿好后戴在身上，或送给家人和朋友，孩子会体验到成功的乐趣。

为了方便练习穿孔，可在厚纸板上打出孔洞，利用购物纸袋上的拎绳做

穿绳，供孩子练习用线绳穿孔。开始时不能顺利穿过去、穿不准，反复多次练习才能成功。穿孔这个动作在日常生活中经常用到，如穿鞋带、穿珠子、穿针眼等。孩子专注地穿插，锻炼了手的精细动作，延长注意力集中的时间，提高了孩子的注意力。

穿线绳熟练后，可以教孩子用线绳打结，学打结先打单结。学会了穿孔、打结，就可以自己系鞋带了。动作熟练后还可以打蝴蝶结。

(34) 塑料插片拼插

塑料插片玩具是常见的益智玩具。塑料插片的周边有豁缝，可以相互拼插在一起，很多插片能够拼成不同形状的立体结构。有的孩子会一边拼插一边自言自语地讲解，看着自己拼成的立体作品，很有成就感。

拼插需要双手协作完成，培养了手的灵活性，同时锻炼了孩子的想象力、创造力和动手操作能力。

(35) 块件拼插

块状立体拼插件，一个侧面有2个、4个或多个短的小凸柱，另一个侧面有数量相同的对应的小凹槽，拼插时凸柱和凹槽匹配相插。多块拼插零件，可以拼插成各种想象的建构主题，如房子、汽车、飞机、大船等。孩子一边拼插一边想象，拼插组成自己想象的作品，完成后会积极地讲解给身边的爸爸妈妈听。

孩子对这种拼插玩具特别有兴趣，能连续较长时间拼插完成一件作品。通过拼插游戏，能够锻炼孩子的想象力、创造力、动手操作能力、手指灵活性和口语表达能力。

本书第一作者的孩子，小时候特别喜欢玩拼插玩具。当时玩的是乐高玩具，爱不释手，天天玩，拼插出许多家长都想象不出来的好玩作品。每拼出一件作品就兴奋地拉着家长的手去参观，仔细讲解制作过程和作品的用途，特别有成就感。

(36) 贴纸游戏

五颜六色的贴纸是孩子们最喜爱的玩具之一。小孩子手指灵活性差，使用孩子喜欢的小贴纸（一面有黏胶，一面有美丽的图案）做游戏，锻炼指尖功能，还能感觉、判断、记忆小贴纸的颜色、形状、大小等，有综合开发智力的效果。

妈妈提出要求，让孩子按照一定的指令去做，辨别不同颜色、形状及大小。如准备红、黄、蓝三色的圆形、三角形、四边形小贴纸，要求孩子把所有圆形的小贴纸都贴到白纸上或把所有红色的小贴纸都贴到纸盘中。

这种游戏除了训练手指灵活性外，还锻炼了孩子的判断能力、数学能力。

(37) 垒多层积木

积木是孩子喜欢的玩具，开始只能垒 2 层、3 层，2 岁后可以垒 4 层、5 层，随着熟练程度增加会不断增高。积木垒高，需要控制手部肌肉微小用力，促进手部精细功能的发展。

用积木垒楼房等建构造型，能够发展想象力，随着孩子手指灵活性不断增强，可以逐渐增加游戏的难度。

例如，用纸杯垒高高，保持纸杯不倒。

开始玩时，控制手的微妙力度会有困难，垒不高，经过反复多次练习就能成功。家长先给孩子做示范,孩子看家长做,大脑的镜像神经细胞系统起作用,孩子通过观看—理解—模仿的过程,学会用纸杯先并排垒,再往高一层一层地垒。

孩子能够熟练掌握将纸杯垒高以后,还可以带孩子玩竞技叠杯,快速把杯子按规律叠成金字塔状后还原,培养手、眼、脑的协调性、敏捷性及专注力,孩子也特别喜欢玩。

(38)拇指与其他手指夹物

用大拇指轮流与食指、中指、无名指、小拇指配合,试着夹物。开始时会有些不顺畅,反复多次练习后,就能顺畅进行。提高了五指之间的协调性,锻炼了手部肌肉的灵活性。

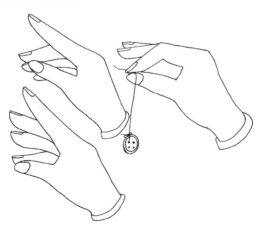

(39)剥豌豆粒

妈妈和孩子一起准备做饭。用手指将豌豆荚掰开,取出豆粒,也可剥蚕豆粒、云豆粒等。

(40)开合拉链

用大拇指和食指捏住拉链的锁头拉开拉链,反向拉可将拉链闭合。衣服、鞋、书包、被罩等处都可能使用拉链,生活中经常用到,孩子在开合拉链时需要控制手指力度,还要注意安全,避免夹伤手指。

53 | 肢体活动及游戏

· 婴儿

(41) 玩具引爬

孩子学习爬的动作时,准备一个好玩的彩色小玩具,放到孩子再往前爬一段距离就能拿到的地方,引逗孩子向前爬,拿到玩具后,孩子会很高兴。这时可再换一个孩子喜欢的玩具放到前面,引逗向前爬。这样,孩子爬得更有劲头。对锻炼爬行很有效,训练了孩子四肢的运动能力和肢体协调性。

(42) 玩水

孩子都喜欢玩水。玩水可以在室内、室外进行。

洗澡时玩水,方便易行。准备一个大一些的盆,装半盆水(水温适宜),

盆里放塑料瓶、塑料小勺、充气玩具等，孩子可以用瓶子、小勺互相倒水玩或拍水、抓充气玩具。

玩水增加了洗澡的趣味性（夏天可以在室外玩）。家长要看护好孩子的安全。洗澡、玩水有利于身心健康，还可以增加对水的认识，也锻炼了肢体协调性。

（43）拉大锯

这是一项传统游戏。妈妈和孩子对面坐，妈妈两手交叉拉住孩子的两手，一拉一回，像拉锯一样来回活动，妈妈轻轻说儿歌：

　　　　拉大锯，扯大锯，
　　　　姥姥家门前唱大戏。
　　　　接闺女，带女婿，
　　　　小外甥也要去。
　　　　姥姥最想小外甥，
　　　　小外甥美得笑嘻嘻。

这个游戏，妈妈要随着孩子向前倾或向后仰的动作，顺着孩子的劲，不能生拉硬拽，避免关节脱臼。游戏锻炼了孩子手臂、手腕的力量，孩子非常喜欢玩。

第四章 实操活动及游戏

(44) 高举孩子

爸爸或是妈妈，两手卡住孩子的两腋窝下部，轻轻地举过头顶，再轻轻地放下，逗孩子玩。开始孩子会有些害怕，举过几次就不怕了，会感到很好玩、特别开心，锻炼了孩子的胆量。

·幼儿

(45) 规范走和跑

孩子1岁左右开始走路，会走后又学会跑，妈妈要陪孩子一起走、一起跑。走和跑，是人的基本动作，掌握正确规范的走、跑动作很重要。走时胳膊要充分摆动，跑时脚有跳跃感，姿势要平衡，步伐有节奏。

带孩子练习时，家长在孩子侧前方做标准示范，便于孩子看到家长的姿势，模仿家长走路的样子，还要经常提醒孩子正确、规范地走和跑。

走、跑时，可变换各种花样，增加活动的趣味性。如单脚向前跳着走（左右脚交替）、退着走、跑跳步等等，随着孩子肢体运动能力的增强，逐渐增加难度。

(46) 踢口袋

用布头缝一个小口袋，里面装入沙子或棉花，用脚踢着玩。开始玩的时候，孩子不会踢，可以降低难度，在小口袋的一角缝上一条绳带，绳带长度以孩子用手拎着，口袋垂到脚的上方为好，让孩子用手拎着踢，游戏反复多次进行。培养用脚踢的准确性，把握好踢的时机，锻炼肢体的协调性。

(47) 跳房子

2岁以后，孩子对跳房子很有兴趣。在室外的平地上，用粉笔画方格子图案或直接在小区里铺好的地砖上跳。家长先和孩子一起玩，做示范。

可以采取双脚跳，单、双脚交替跳的玩法，也可以增加难度单脚跳或其他自创玩法。锻炼孩子跳跃的准确性，提高平衡能力。

(48) 随音乐跳舞

孩子听到音乐后会很愉快，能随音乐节奏摆动身体、打拍子。家长最好也参加孩子的舞蹈，引领孩子随音乐节奏做一些举手、拍手、踏脚、抬腿、扭动、弯腰、转圈等动作，增加舞蹈的趣味性。尊重孩子的创造性，家长可以随着孩子创编出来的舞蹈动作一起跳舞，孩子会跳得更起劲。随音乐跳舞，使孩子心情更愉悦。

(49) 四肢并用攀爬梯子

2~3岁的孩子走路已经很平稳了,但是上下台阶时动作还不够协调。作为上下台阶的前期准备,双手、双脚并用攀爬梯子,能够锻炼肢体的协调性,促进上下肢的肌肉发育。梯子要有一定的倾斜度,便于孩子攀爬。健身区、公园、儿童乐园都有这样的梯子,可以带孩子去玩,孩子攀爬梯子时,家长要注意做好保护。

(50) 上下台阶

选择高度适中的台阶,带孩子做上下台阶练习。开始走台阶时选择侧面有低扶手的地方,教孩子两脚交替上下台阶,慢慢来,不要着急。

上行时眼睛看着上方,容易保持平衡,好上。家长在孩子的下方,做好保护;下行时,眼睛向下看,容易产生恐惧、不安全感,有难度,家长要在孩子的下方位置,保护好孩子的安全,孩子熟练后可以双脚交替上下台阶。

(51) 跳台

孩子3岁左右,可以从高度为10~15厘米的平台上双脚跳下,妈妈或爸爸在旁边保护。家长可以先讲解并示范跳的动作,让孩子了解登高跳的要领。经过反复多次练习,孩子能够掌握双脚跳的动作要领,熟悉动作后可适

当提高跳台的高度。孩子玩跳台，可提高决断力和瞬间爆发力，提高动作的敏捷性。

登高跳时，提醒孩子要两脚并拢、轻轻地跳落。

(52) 走平衡木

可以带孩子到儿童乐园练习走平衡木，也可以在地上用直线画出一条宽度为20厘米的"平衡木"和孩子一同练习。这个动作比较难，要注意平衡的感觉。

开始走平衡木时，家长要牵着孩子的手走。熟练一些后，孩子能够自己走了，让孩子双手侧平举，先慢慢走，再加快速度，注意做好保护。家长也可以和孩子比一比谁走得平稳，不掉下来，增加活动的趣味性。

(53)投球游戏

孩子 2 岁以后,可以玩投球游戏。选用比较轻的塑料球或小皮球,投的方法有向上投、平行投等。投球需要全身协调用力。随着投球技能的进步,投的距离可以适当延长。在家里玩投球可以和爸爸妈妈一起玩。

会投球后,再练习接住投过来的球。多人玩时,可以相互传球。包括投球、传球、接住传过来的球等。玩投球游戏可以锻炼孩子肢体协调性,眼睛要紧盯着运动中的球,需要注意力的配合。

(54) 套环

2~3 岁的孩子能玩套环。买一组套环玩具，包含一个木制或塑料的立柱、几个塑料的圆环。妈妈先站在距离立柱不远的地方做示范，用一只手将圆环投向立柱，套住立柱，再让孩子模仿着做。

开始孩子站的地方距离立柱要近一些，当投出的圆环都能套住立柱时，可站到离立柱远一点的地方再投。投圆环时妈妈和孩子一起数数，练习计数。套环游戏能够锻炼孩子手、眼、脑的协调性，提高手部肌肉的灵活性、精细度。孩子喜欢玩，大脑中多巴胺分泌得多，心情就愉悦。

(55) 滚小球进洞

这是一项传统游戏，家长小的时候都玩过。在室外玩时，准备小球如玻璃球、乒乓球等。地上挖一个小坑（浅洞），在一定距离外，用手将小球对准小洞滚过来（也可以用手弹小球），小球落进小洞为胜。这个游戏，大一点的孩子才能玩好。可以锻炼孩子的判断力、控制手的力道及手、眼、脑的协调性。

(56) 其他肢体活动游戏

肢体运动游戏能够锻炼胆量，培养勇敢精神。孩子都喜欢和爸爸一起玩肢体活动游戏，包括空手游戏、垫子活动等。如爸爸把孩子扛在肩上"骑马脖"。

孩子和家长掰手腕；家长抓紧孩子两手和胳膊，孩子用双脚踩着家长的腿向上运动；爸爸卡住孩子腰部举起；家长背孩子等活动，都是很好玩的亲子游戏。这些游戏需要关节及肌肉活动，可刺激相关神经网络发展，促进大脑发达。

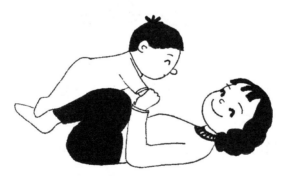

(57) 老鹰捉小鸡

玩游戏时，爸爸扮演老鹰，妈妈扮演鸡妈妈，孩子扮演小鸡。鸡妈妈身后是小鸡，老鹰来捉小鸡，鸡妈妈张开翅膀保护小鸡。老鹰左右捕捉，鸡妈妈左右阻挡，老鹰总是捉不到小鸡。

爸爸、妈妈、孩子欢乐地游戏，全身都得到运动，增加了家长和孩子之间的亲情，锻炼了孩子躲闪的能力。

(58) 骑儿童车

孩子都喜欢骑儿童车。根据孩子的实际能力，可骑三轮车或两侧有辅助小轮扶持的两轮车等。选择在室外平坦的地方骑，家长要陪伴保护安全。骑儿童车可锻炼孩子四肢配合的协调性和平衡能力。骑得熟练后，道路有些不平也能骑过去，会骑后可以增加难度，如绕圈骑、上缓坡、下缓坡等等，家长要做好安全保护。

(59) 打靶子

练习控制胳膊用力大小和瞄准技巧，锻炼投掷能力。家长和孩子一起玩，室内、室外都能玩。小布袋里装满棉花或米粒等做打出物。在不远处的墙上、树干等处做出记号，作为靶标。在室内玩打靶子，注意不要打坏室内的物品。

(60) 打保龄球

准备一个皮球和几个空的塑料饮料瓶。将塑料瓶按照保龄球的样子摆好，让孩子站在前面约1米的位置，双手用力把球滚出去，看看能打倒几个瓶子。开始时，孩子距离塑料瓶的距离可以近一些。等熟练后，可逐渐加大距离。这个游戏可以锻炼孩子的手臂力量，促进孩子用眼睛去追踪物体的能力，提高空间知觉能力。

（61）过独木桥

准备阶段要用废纸壳剪成 15~20 厘米宽的窄条，在地上铺成一条路，假定是独木桥。爸爸、妈妈和孩子都要过桥，大家讨论一下，怎样才能又快又安全地过桥。三个人要过桥，首先妈妈、爸爸和孩子要排队，然后按顺序、沿着同一个方向一个一个走过独木桥，才能快速安全地通过。

如果不排队、乱挤，就可能会被挤下独木桥，谁也过不去。这个游戏培养了规则意识和遵守纪律的好习惯，锻炼了孩子的平衡能力。

54 | 感觉活动及游戏

· 婴儿

(62) 追着看

妈妈拿一个彩色绒布娃娃,在婴儿床的一边引逗孩子看,孩子用眼睛盯着娃娃看,妈妈和布娃娃移动到小床的另一边,孩子的视线追着看。妈妈再移回到原来位置,孩子的视线也追视过来。每天这样玩几分钟,能够培养孩子的注意力,促进孩子视力发展。需要注意的是,妈妈移动的速度不要太快,要让孩子的视线始终跟随着妈妈。

(63) 玩彩色积木

准备三种颜色(红色、黄色、蓝色)的木质积木块。让 11 个月左右的孩子随意摆弄。

先和孩子认识三种颜色,再一起玩摞高高,最后按照颜色分积木。妈妈说:"请你把红色的积木给我,蓝色的积木给你。"等要求,让孩子分辨颜色,初步锻炼孩子认识三原色。孩子不能辨别也没有关系,慢慢练习。

(64) 听声音感受节奏

妈妈拿一个一摇就响的玩具,一边摇一边走到孩子身边,一会儿在左,一会儿在右,一会儿近,一会儿远,一会儿声音大一些,一会儿声音小一些。孩子用眼睛寻找声源，头也随之转动，集中注意力用耳朵仔细听。这样可以锻炼孩子的视力和听力。

经常放一些轻柔舒缓的音乐给孩子听，妈妈可抱着孩子随着音乐的节奏轻轻起舞，让孩子感受节奏，锻炼孩子的听力。

（65）听声音找手机

妈妈把手机的铃声设置成好听愉悦的音乐。用爸爸的手机拨打妈妈的电话。妈妈的手机响了，抱着孩子循着声音去寻找。锻炼孩子的听力、观察能力和注意力。

· 幼儿

（66）听各种声音

带领孩子到户外、公园等大自然中倾听各种声音。如汽车笛声、小狗（汪汪）、小鸭（嘎嘎）、小鸡（叽叽）、小猫（喵喵）、麻雀（喳喳）……爸爸妈妈和孩子一起仔细观察它们的样子，听一听、学一学它们的叫声。用手机拍照，留下影像资料。回到家里，可以拿出照片引起孩子的回忆，并一一对应模仿它们的叫声。锻炼孩子的发声、听力，强化孩子的记忆。

我们周围充斥着各种声音，要避免听到对孩子不利的尖叫声等噪音。

(67) 认识三原色

三原色，是三种基本颜色，即红、黄、蓝三色。三种颜色通过不同比例的调配，可以调制出好多种颜色，三原色是基础颜色。

1岁多的孩子能够辨别三原色。可买来红、黄、蓝三种颜色的小球，玩挑选颜色小球的游戏，训练孩子又快又准地认出颜色。在生活中找来实物认识颜色，如西红柿是红色的、香蕉是黄色的、某个玩具是蓝色的等等。生活中还可以随机发现许许多多红、黄、蓝三种颜色的物品供孩子认识，引导孩子留意观察。

· 识别颜色及形状的游戏

①用红、黄、蓝三种颜色的纸剪成不同形状（三角、圆形、方形）的彩色纸卡，把彩色纸卡混合在一起，对孩子提出要求，如把三种颜色的纸卡按颜色分类，分别放到不同颜色的盒子里（颜色分类）。

②把所有形状的纸卡，按照图形进行分类，分别放到盛装不同形状的盒子里（图形分类）。

③玩颜色。让孩子将三原色中任意两种颜色调配，观察发生的变化。如黄色+蓝色可以调出绿色，黄色+红色可以调出橘黄等等。

通过认识颜色，锻炼了孩子的视觉能力，培养了学习兴趣，增加了知识，提高了动手操作能力。随着孩子认识、分辨能力的提高，还可以增加新的游戏内容，逐渐加大难度进行练习。

(68) 分辨颜色的微妙变化

三原色的深浅度可以有变化。例如，颜料可以用水调配，含水量多少的变化，可导致颜色深浅的变化。

三原色加白色颜料可以使颜色变浅。例如，红色+白色=粉色，黄色+白色=浅黄色，蓝色+白色=浅蓝色等等。

还可以让孩子了解同色系的现象。例如，红色、桃红色，黄色、浅黄色，蓝色、浅蓝色等等。

进行同色系分装练习。准备同色系的彩笔或颜色纸卡，请孩子分装，妈妈在一旁观看，如果孩子把彩笔分装错了，要及时给予纠正。同色系分装游戏能够锻炼孩子的观察力、判断力，增强对颜色的识别能力。

(69) 物品归类

常见物品分类。例如，食品、日用品、动物、植物等，找出同类物品进行分组归类。练习时，可以使用图片卡进行分类。通过物品归类游戏，能够增长知识，锻炼观察能力、判断能力、分类整理能力等。

玩分类游戏时，要考虑到孩子的认知水平，遇到孩子不认识、不了解的内容要及时教会认识。

(70) 拼图游戏

拼图画面由多个小图片（图片四周有不同凸凹），构成一幅完整的画（有风景、人物、植物、动物、花卉、交通工具等)。孩子刚刚接触拼图游戏，会感觉无从下手，认为比较难。玩过几次以后，找到规律了，就会渐渐产生兴趣。

拼图时，先让孩子仔细观察这幅画，记住画面内容，然后将拼图混散。再让孩子按照记忆的画面，把每片凸凹图片对合，拼成原画。

·拼图方法

①从边角开始拼。

②根据画面中的图案内容拼。

③按照颜色拼。

拼图材料可以购买成品也可以自己制作。

制作方法非常简单，准备一张印有水果、动物等彩色图案的厚一些的纸卡，剪下一个角做成由两块组成的拼图；剪成四块，做成四块拼图；剪成八块，就是八块拼图等。根据自己孩子的实际水平来制作难易程度不同的拼图。拼图做好后，就可以玩拼图了。

把拼图块散放在桌子上，让孩子拼成完整的图案。3岁左右的孩子，见到鱼的头，就知道是鱼。但只见鱼尾部分或鱼鳍部分，往往不知道是什么动物。所以，要培养孩子的观察能力，见到整体会推理部分，见到部分会推理整体。

2岁半的孩子就可以玩拼图。随着年龄增长，拼图游戏可以由易到难。

现在有售的拼图有 2 块、4 块、8 块、12 块、16 块、20 块……家长可以按照孩子的实际需求购买。

玩拼图时,孩子对图案的每一小部分都要仔细观察、判断、推理。通过拼图游戏锻炼了孩子的观察力、分析力、判断力,提高了认知水平,拼图成功后会体验到成功的快乐。

特别提示:玩过的拼图要马上妥善收存好,避免丢片。拼图一旦缺片,就大大降低了趣味性。

(71)嗅花香

家长可以和孩子在室内、室外、郊外观察各种花草,一起闻一闻花香。每一种花的香味是不同的,一般花草有清香味,有的花有好闻的花香。例如,茉莉花、丁香花、水仙花,还有桂花、玫瑰、蔷薇等等。五彩缤纷的花卉,不但给人视觉上的美感,更有沁人心脾的花香。

(72) 看室外各种颜色

带孩子到室外观看各种颜色，加深对颜色的认识，感受大自然丰富的色彩。

晴天时，可以看到蓝天、白云。

大树、小草是绿色的，花有红色、粉色、黄色、浅蓝色、紫色、白色等颜色。

马路上的汽车品牌样式不同、颜色各异；路口的交通指示灯一会儿变成红色、一会儿变成绿色。

人们穿的衣服是五颜六色的。

让孩子说出看到的颜色。遇到不认识的颜色，家长要及时告知，如紫色、灰色等，让孩子感受色彩的丰富。

经常让孩子说一说看到的颜色，强化对色彩的感知。如果都能辨认出来，说明已经有较丰富的色彩知识了。

(73) 形状、大小

认识圆形、三角形、四边形三种形状。先认识画在纸上的平面图形，再认识以上三种形状的立体积木。可以通过玩游戏，触摸、感知、认识物体的形状和大小。

平面图形游戏需要家长制作大、中、小三种型号的圆形、三角形、四边形纸卡共9张。先让孩子从中挑出其中一种图形，如圆形纸卡。再问孩子这三张圆形中哪一张最大？哪一张最小？先认识图形，再比较大小。

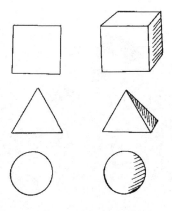

(74) 平面和立体关系

圆柱状积木，上面和底面都是圆形的，从侧面看是四边形。

三角形积木，底面是三角形的。

球形表面不是平的，从任何角度看都是圆形的，从中间切开（如西瓜），截面是圆形的平面。

经常玩立体形状游戏，能够帮助孩子理解平面和立体的关系。家庭可使用立体多孔几何形状配对盒，让孩子认识不同的颜色和形状，尝试把不同形状的积木插进相对应的图形孔中。

1岁的孩子也很喜欢玩，但还不能自主选择图形与立体积木配对，表现为不断试错。2岁的孩子能辨别大小，会把圆形与圆柱体对应起来。3岁以后，孩子能够熟练地玩立体多孔几何形状配对盒，初步了解平面与立体的对应关系。

孩子通过多次练习成功率会提高。立体形状游戏可使孩子触摸、感受立体形状是什么样子的。培养观察能力、思维能力和手、眼、脑的协调性。

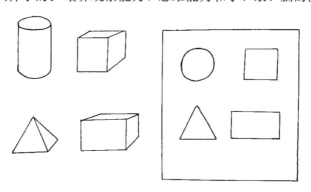

(75) 听音乐、玩乐器、练节奏

家里如果有乐器，家长可以吹、拉、弹、敲给孩子听。一方面锻炼听力，另一方面培养孩子对音乐的兴趣，感受音乐优美的旋律。

孩子从出生就生活在各种声音的包围之中。2岁时就能辨别不少声音。如生活用具发出的声音、音乐、说话声音、自然界中的声音、噪音等等。孩子对声音接触得多了，就能辨别出是什么发出的声音，感受音乐的高、低和节奏。

婴儿时，听到优美的音乐声会配合节奏晃动身体、打拍子，嘴里还会咿咿呀呀地跟唱。2岁时可以尝试使用简单的节奏乐器，如鼓、沙锤、铃鼓、手铃等等，家长可以和孩子一起听音乐打节奏，一起唱歌，一起跳舞。没有乐器时，可以带动孩子一起随节奏拍手或拍打身体其他部位。

在家里开音乐会，和家人一起唱歌、跳舞、打节奏，大家分工使用乐器，孩子可以使用铃鼓、沙锤、响板、铜钹、三角铁等来演奏，增加活动的乐趣。开始使用乐器时，家长要教会孩子正确使用乐器的方法。

从小培养对音乐的兴趣，孩子未来的生活会更精彩。

(76) 玩沙子、揉面团

玩沙、玩泥、玩水是孩子非常喜爱的游戏活动。

孩子两手摆弄玩沙子，有疏松的触感。家长做面食时，孩子参与制作，也锻炼了触觉。

家长要创造机会经常带孩子到大自然中体验沙滩、海水、蓝天、微风的美妙。家长和孩子一起玩沙，垒沙堡、挖沙子、修沙渠、建长城等等，增加了亲子感情，体验到兴奋、欢乐，提高了孩子的情商。

玩泥，可以玩黄泥、陶泥、超轻黏土等等。

黄泥、陶泥做成作品后是泥土的固有色，可以在作品干透以后涂上颜色。

超轻黏土，色彩鲜艳、手感好，成型后不回缩，便于团、搓、压、捏，造型效果好。

面粉加上水和成面团时，有胶黏的触感。让孩子参与制作面食，如做馒头、擀饼、做面条、包饺子、制作各种小点心等，成品做熟后，可以吃，孩子特别有成就感，更喜欢帮助家长做事了。制作过程中孩子可以团圆、搓条、压扁、捏花等，还可以适当使用工具，提高孩子手部肌肉的灵活性和创造能力。

(77) 触觉练习

家长有意识地让孩子触摸光滑、粗糙，软、硬，凉、热等不同质感的物体，感受它们的不同。

让孩子摸篮球、皮球，感受到篮球的表面是粗糙、有麻点的感觉，皮球表面是光溜溜、滑滑的手感。用手按一按，皮球的弹性更强一些。

家里买来的水果、蔬菜，家里养的宠物小狗、小猫，饲养的小鸡等都可以让孩子摸一摸，体验感觉，从而产生感性，增加知识。

(78) 品尝冷热饮料和吃饭

2~3 岁的孩子品尝到冷的果汁时,会感到"又凉、又甜,真好喝!"这是孩子的感触。喝到热的牛奶时会有"热乎""真舒服""喝了奶,好睡觉!"等的各种感性。在吃到不同食物时也会有不同的感触。

家庭的餐桌,是培育孩子味觉的好地方。孩子看到自己喜欢的好吃的食物时,大脑多巴胺的分泌就旺盛,海马体和额叶前区动作,激活了大脑。妈妈说:"好吃吧!"孩子理解:"这顿饭的饭菜真是好吃!"

(79) 到郊外感觉体验

经常带孩子到郊外游玩,多看看青山、小溪、大海、蓝天、白云、大树、绿草、各种野花、小动物、昆虫等,孩子特别高兴,各种感觉器官都参与工作。能看到五彩缤纷的色彩,听到风声、水声、鸟声、汽车声、人们的欢笑声,感受到清风拂面的清爽,真是大开眼界。

在游玩的过程中,孩子接触到平时在家看不到的新事物,会不停地问这问那,家长要一一认真回答,孩子没有问的也要给孩子讲一讲,丰富知识。

55 | 模仿活动及游戏

· 婴儿

(80) 拨浪鼓

拨浪鼓是传统玩具，一摇就响。妈妈先摇一摇给孩子看，等孩子看会了，再交给孩子自己摇。拨浪鼓被孩子摇响了，他会很高兴，一遍一遍不停地摇。

如果孩子不太会摇，妈妈多示范几次给孩子看，再扶着孩子的小手摇一摇，最后让孩子模仿妈妈的样子摇拨浪鼓。这个过程能够锻炼孩子的观察能力和模仿能力。

(81) 拍拍手

妈妈坐在孩子的对面，一边轻声唱好听的儿歌，一边随儿歌节奏拍拍手，引导孩子一起玩。也可以握着孩子的小手随儿歌节奏做拍拍手的动作。反复几次，妈妈再唱儿歌时，孩子会主动拍拍手。

播放好听的童谣、儿歌、音乐，和孩子一起随音乐节奏拍拍手、点点头、摇摆身体等。锻炼孩子的模仿能力和节奏感。

(82) 敲小鼓

准备一个玩具小鼓，妈妈手拿鼓槌，咚、咚、咚地敲鼓给孩子看，再让孩子模仿妈妈的样子学着敲鼓。

孩子学会后，还可以增加难度，播放音乐，妈妈示范随音乐敲出简单的节奏，让孩子模仿，提高孩子的模仿能力和记忆力。

（83）踢球

孩子刚会走路不久，为了锻炼腿部大肌肉的力量和灵活性，让孩子模仿家长踢球的动作。

选择大一些、较轻的充气皮球，送到孩子的脚边，家长示范用脚去踢，球就滚动出去了。踢球的动作演示几遍后，孩子就看明白了，球到脚边会去踢，球被踢滚动了，孩子感到好玩，就会去追着踢。

·幼儿

（84）叠毛巾

洗好、晒干的衣服取回来叠的时候，妈妈叠衣服，孩子在旁边认真看，也会学着妈妈的样子叠，这是镜像神经细胞系统在作用。妈妈可以把小件衣物，如小毛巾等交给孩子来叠，孩子会模仿妈妈的叠法，家长对孩子的主动行为要及时给予鼓励！经过反复多次练习，孩子会叠后，可以试着叠自己的衣物；不会时，可让孩子再仔细观察妈妈是怎么叠的，孩子叠的时候，妈妈给予指导，直到孩子能够自己独立完成任务。

（85）晾晒衣物

衣物洗净、甩干后，有些小物件如手帕、毛巾、袜子等等，可让孩子帮助晾晒，用夹子夹在晾衣绳上。用手捏开夹子要用力，这时孩子的指尖力量不一定能胜任，多练习一段时间后就有劲了。

晾衣服的绳子要调到孩子可以操作的高度。妈妈先示范给孩子看，孩子模仿妈妈的样子做。锻炼孩子的劳动意识。

（86）帮助妈妈做饭

孩子长到2岁时，很想帮助家长做些力所能及的事情，愿意在妈妈做饭

时帮忙。妈妈要鼓励孩子的积极性,安排做一些安全、简单的劳动。如帮助妈妈准备晚餐,剥豌豆粒、剥蒜皮、拿汤匙、摆筷子等等。培养孩子为他人服务的意识,养成爱劳动的好习惯。

(87) 洗手帕

洗手帕、洗袜子等小事情,孩子喜欢去做。家长准备好半盆水和肥皂让孩子洗,家长也在旁边洗衣服,示范动作要领,让孩子知道怎么洗衣更干净。孩子模仿家长的方法洗手帕,从小学习自己的事情自己做。

(88) 玩后收拾场地

孩子每天都要玩游戏。游戏结束后,要引导孩子将玩具整理好,收到玩具原来摆放的位置,活动场地收拾干净。告诉孩子:"玩具玩累了,要回到自己的家里(玩具盒或玩具柜)休息睡觉了,我们明天再和小玩具玩吧!"

孩子养成整洁的习惯,自己的事情自己做,不靠家长。各种玩具、用具要分类归纳,有些重活可以和别人一起干,集体合作,锻炼孩子团队协作精神。

游戏后整理玩具,收拾场地,有利于养成整洁的习惯,培养独立性、管理能力、合作能力,玩游戏和做事情一样要有始有终,每次游戏后都要收拾整齐、清扫干净。

(89) 角色扮演游戏

确定一个角色游戏的主题,如娃娃家、医院、幼儿园、超市、公交车、十字路口等等都是贴近孩子生活的、容易被孩子理解、模仿的游戏主题。家长和孩子分别扮演不同的角色,进行对话、表演,孩子非常高兴能够和妈妈爸爸一起玩。

在角色扮演游戏中,孩子可以学会一些待人接物的礼仪,培养人际交往的能力;了解、体验社会上各行各业的工作,提高社会适应性;同时能够锻炼记忆力,提升情商。

①故事角色表演,首先确定要表演的故事内容,可以是讲过多次,已经熟悉的故事。然后,孩子和妈妈、爸爸分别选择想要扮演的角色,也可以使用简单的道具,开始表演游戏。台词,可以是故事中的原有对话,也可以现场发挥,表演尽量生动形象。

表演结束后,大家对刚才的表演进行讨论,找出不足,然后由孩子来做导演,重新分配角色再表演一遍。

②社会角色扮演:首先确定角色扮演的主题,如客人来了、去菜店买菜、医院、幼儿园、娃娃家、照相馆、马路口的警察等等孩子经常接触到的情景或场所。让孩子先选择角色,如今天要做小客人、菜店的店员、医院的医生、幼儿园的老师、娃娃家里的妈妈、照相馆里的摄影师等,也可让孩子来做导演安排如何演出。

角色扮演有一定的难度,要求孩子的记忆力要好,还要有丰富的想象力、思维能力、执行能力、表演能力和口语表达能力。孩子特别喜欢玩角色游戏,尤其喜欢扮演生活中熟悉的人物,如幼儿园老师等真实的形象。

(90) 扮演交通警察游戏

游戏前准备一个红色圆形卡纸做红色信号灯,一个绿色圆形卡纸做绿色信号灯。

爸爸妈妈扮演开车的司机。孩子扮演交通警察站在屋子中间，一手拿红色信号灯，一手拿绿色信号灯，指挥司机按照信号灯行驶。

交通警察举起红灯时，车辆要停下；交通警察举起绿灯时，车辆可以继续行驶。游戏可以反复进行，爸爸妈妈的"汽车"只有见到绿灯亮时，才可以通行。这个游戏培养了孩子的规则意识，懂得过马路时要注意观察路口的情况，知道红灯停，绿灯行，行人要走斑马线。

（91）扮演售货员售货游戏

孩子特别喜欢扮演商店售货员售卖东西。准备好一些写有数字1、2、5的纸卡代替买商品的钱币，在桌子上整齐地摆放好玩具、水果等物品。孩子扮演售货员坐在桌子里侧，妈妈扮演顾客来买东西。

售货员说："您好！您想买点什么？"

顾客说："您好！苹果多少钱一个？"

售货员说："苹果一元钱一个，您要买几个？"

顾客说："我要买两个苹果。"

售货员说："一个苹果一元钱，两个苹果一共两元钱，请您付两元钱。"说着把两个苹果递给顾客。

顾客数出两元钱（用数字卡代替钱币）交给售货员。

售货员说："欢迎您下次再来！"

顾客说："再见！"

孩子通过模拟商店售货员的游戏，初步了解买卖交易的规则：一手交钱一手交货，理解10以内数量关系，学习点数1~10。

（92）娃娃家游戏

家里只有一个孩子时，可以找熟悉的小朋友一起玩。家长可以参与游戏进行指导。一个孩子扮演爸爸，一个孩子扮演妈妈，再用一个玩具娃娃当娃娃家的小宝宝。准备一些玩娃娃家的玩具用品。

　　游戏内容的设定可以是孩子生活中熟悉的生活片段。如妈妈爸爸一起做饭、吃饭、给娃娃喂饭，给孩子穿衣，带娃娃去晒太阳，去市场买菜，带孩子去医院看病等等。通过游戏锻炼孩子的口语表达能力、人际交往能力，培养孩子的礼貌用语和合作意识。

56 | 智力活动及游戏

· 婴儿

(93) 数一数

妈妈带着孩子做家务时,可以有意识地渗透数的概念。如买回的水果、蔬菜,饭前摆饭碗等,拿出来一个,数一个,开始时先点数1、2、3、4、5,说出总数是5个,不断重复顺数的数字1~5,给孩子留下深刻印象。

观察孩子掌握的情况,随着月龄增长,孩子对数字认知能力的提高,就可以顺数1~10。孩子能够顺利数出1~10后,再加大难度,让孩子练习从10~1的倒数。3岁左右的孩子,不要求说出总数。4岁以后的孩子,点数后要求说出总数。

目前,由于早期的智力开发,3岁左右的孩子,数字认知能力就有了很大的提高,可以根据自己孩子的实际情况掌握数数的进度。

(94) 玩"藏猫猫"

"藏猫猫"的游戏有不同的玩法。

①妈妈藏在门后或藏在窗帘后面,大声说:"妈妈在哪儿?"孩子听见后会顺着妈妈的声音寻找。注意不要藏的时间过长,避免孩子找不着妈妈着急。

②妈妈用双手把脸遮上，问："妈妈在哪儿？"然后从双手的一侧露出脸来说："妈妈在这儿！"孩子看到妈妈，找到妈妈，会特别高兴。锻炼了孩子的观察力和思维能力。

(95) 盖杯子盖

准备大、中、小3个有盖子的杯子，家长和1岁左右的孩子一起把杯子盖拿下来，再分别盖在各自的杯子上。

家长先示范并讲解盖杯子盖的方法，让孩子能够区分大、中、小3个型号的大小不同。孩子模仿、练习，开始时会盖错，反复多次练习后就能熟悉掌握。

孩子通过看、理解、模仿掌握了这个动作，锻炼了镜像神经细胞系统。

(96) 什么东西不见了

准备三个水果，如苹果、橘子、梨，让孩子看清楚，说一说都有什么水果，记住它们。然后请孩子闭上眼睛数1——2——3，家长迅速拿走一样水果，再让孩子睁开眼睛看看："什么水果不见了？"用同样的方法，换成其他物品也能玩这个游戏。

游戏还可以增加难度，如增加物品的样数达到5~10种，从中抽走一样，让孩子想一想："什么东西不见了？"

或准备几张小动物的图片卡，让孩子看清楚，记住它们都有谁。然后，抽走其中一张，再让孩子想一想："什么小动物不见了？"

这种游戏简便易行，能够充分训练孩子的观察力、锻炼记忆力。

·幼儿

(97) 半分概念游戏

通过游戏让孩子理解半分的概念。

折纸游戏。和孩子一起把一张纸对折成两个同等大小的半张纸，再将纸对折成同等大小的四层。折成的纸是原来纸大小的1/4。

妈妈先示范给孩子看,讲清楚折纸的动作要领。如折纸时,纸的边和边要对齐,角和角要对齐。边折边说:"这是半张纸,这也是半张纸,它们是一样大小的。"然后妈妈给孩子一张方形的纸,让孩子自己动手折叠。

妈妈在做饭时,让孩子看妈妈切西红柿,从中间切开两半,告诉孩子切开的半个是原来西红柿的一半。也可让孩子使用安全的塑料玩具小刀练习对半切开蔬菜玩具,使孩子理解半分的概念。

在家吃水果、吃饼干时,也可让孩子从中间掰开两半(尽量分得均匀)。在理解半分概念的同时,因为用手掰的半份可能不一样大,会有大有小,这时还可以比较大小,让孩子理解大小的概念。

(98)理解数的概念

在日常生活中理解数概念。生活里到处都有数字,如家里有几口人、桌子边有几把椅子、盘子里有几个苹果等等。

妈妈从菜市场买回的果蔬,可以让孩子数一数有几个西红柿、几个萝卜、几个桃子等等。孩子一边拿一边数:"1个、2个、3个……"在实际操作中理解数概念,印象深刻。2~3岁的孩子可以点数1~5,还不能说出总数,对数字敏感的孩子可以达到更高的水平。

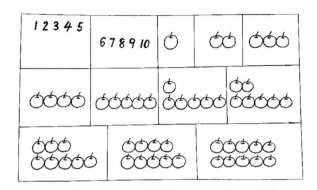

(99) 体会简单的增减

分糖果游戏。准备3块糖，妈妈和孩子一起玩，孩子拿着3块糖分给自己和妈妈。分之前妈妈问："你有几块糖？"，分完后，妈妈再问："你有几块糖？我有几块糖？"

让孩子体会东西分出去后会变少。妈妈再把自己分到的糖还给孩子，问："你现在有几块糖？"让孩子体会东西合起来会变多。

随着孩子计算能力的提高，可以增加游戏的难度，如增加糖果的总数、增加参与分糖的人数等。

(100) 比较大小、长短、高矮

比较大小。家里吃水果时，可以让孩子给家长发水果。先给爷爷、奶奶，再给爸爸、妈妈，最后给自己拿。孩子仔细观察水果，比较大小。挑出最大的水果送给爷爷奶奶。然后再进行比较，挑选比较大的送给爸爸妈妈，把最小的留给自己。

比较长短。妈妈做面食时，孩子也会和妈妈一起和面、搓面条。妈妈揉的是大面团，孩子团的是小面团。妈妈做的是长长的面条，孩子搓的是短短的面条。妈妈边做边讲解，让孩子体会大、小，长、短的不同。

比较高矮。爸爸和妈妈背靠背站在一起，让孩子观察比较，是爸爸个子高还是妈妈个子高、谁的个子矮。然后，爸爸、妈妈、孩子站在一起，问孩子："谁最高？谁最矮？"。还可以对家具进行高矮的比较，培养孩子的观察力。

可以通过观察图片、实物锻炼孩子对大小、长短、高矮的认识。生活中时时处处都有教育时机,要及时把握。

(101) 画面上少了什么

添画游戏。妈妈少画了小兔子的一只耳朵,问孩子:"我画的是什么?"、"小兔子少画了什么,你能给添画上吗?",孩子仔细观察,发现问题,拿起笔添画上小兔子的耳朵。再画一只小鸡,少画了一只脚,让孩子仔细观察、添画。用这种方法培养孩子周密的观察力。

(102) 方位知觉游戏

培养孩子感知上下、前后、里外等空间方位。

感知上下。准备一个苹果、一个橘子,桌子上面放一个苹果、下面放一个橘子,问孩子:"桌子上面是什么水果?""桌子下面是什么水果?""苹果在哪里?""橘子在哪里?"

感知前后。准备一辆红色玩具汽车、一辆黑色玩具汽车,车头向前。孩子站在两辆车中间。问孩子:"你的前面是什么颜色的汽车?""你的后面是什么颜色的汽车?""红色汽车在哪里?""黑色汽车在哪里?"

感知里外。准备一只玩具小鸭放在纸盒里、一只玩具小鸡放在纸盒外,让孩子看清楚。问孩子:"谁在纸盒的里面?""谁在纸盒的外面?""小鸭在哪里?""小鸡在哪里?"。

游戏中的道具可以替换成其他玩具物品。

玩捉迷藏的游戏,也可以培养孩子的观察能力,初步感知空间方位。

(103) 迅速分辨形状、颜色

厚纸板剪成大一些的三角形、圆形、四边形,每种形状3片,每种形状的3片分别涂上红、黄、蓝的颜色,共9片。同样,再剪一份小一些的三角形、圆形、四边形,每种形状3片,每种形状的3片分别涂上红、黄、蓝的颜色,共

9片。

玩游戏前,将大小18张卡片混在一起。

①挑图形(不分颜色),要求把形状相同的图形挑出来放在一起。

②挑颜色(不分形状),要求把颜色相同的图形挑出来放在一起,看谁分得快。

游戏可锻炼孩子的观察力、记忆力、判断力、动手操作能力,从而提升智力。

(104)找单数和双数

先给孩子讲一讲什么是单数、什么是双数。例如,人有1个鼻子,是单数;2只耳朵是双数。从周围事物中寻找,发现单数和双数。如吃饭时用的2根筷子是双数,1把汤匙是单数。让孩子从生活中常见的物件联想到单数、双数,培养孩子的数学概念。

57 | 传统及其他游戏

(105) 培养规则意识

玩游戏要讲规则，大部分游戏由规则来决定胜与败。规则是规定出来供大家遵守的制度或章程。培养孩子规则意识很大意义上也是培养孩子的安全意识。

游戏规则应该以保护孩子自身安全为必要条件，是为形成良好的行为规范、学习人际交往和保护自己和他人安全而制定。对孩子来说，在游戏中锻炼、培养规则意识也为将来的社会生活奠定基础。

(106) 管理自己的东西

在家里要养成自己的东西自己管的意识，逐步培养生活自理的能力。如上床睡觉前，把自己脱下的衣服叠整齐、摆好，起床后自己按顺序穿衣服，玩具玩过后收拾整理干净等等，养成良好的生活和行为习惯。

爸爸妈妈要做孩子的好榜样，多为孩子提供在日常生活中观察、模仿和尝试的机会，从而逐渐建立良好的生活习惯。

(107) 手指翻绳

是把线绳绕在手指上，靠手指的运动，将线绳编出各种花样的游戏，也叫翻花绳。

翻绳时，将一条线绳首尾连接成一个线圈。在两手（除拇指外的其他4

个手指）各绕一圈，两手拉开距离，扯紧线绳成四边形。另一个人用两手的手指挑起线绳中部，转移到自己的手上，翻出不同花样的线绳。原来那人再用两手挑起线绳，移到自己手上，又出现新花样，如此反复进行。

翻绳游戏道具简便，只需一根线绳。不受时间和场地的限制。能够发展手部小肌肉的灵活性，培养手、眼、脑的协调性，激发想象力和创造力，学会合作交往，促进智力的发展。

(108)"石头、剪子、布"

"石头、剪子、布"是一种空手游戏。两人及多人游戏，玩时大家同时喊出"石头、剪子、布"，并同时（不能有时间差）伸手做出石头（握拳头）、剪子（食指与中指同时伸出呈"V"状）、布（五指张开）的动作，决出胜负。规则是剪子>布、布>石头、石头>剪子。场上玩家多于两人时，场上出拳全部一样或"石头、剪刀、布"同时出现，则此局作废，重新猜拳。

这个游戏可以训练孩子敏捷的反应能力、判断力，提高观察力、注意力、分析能力和思维能力。

(109) 七巧板拼图

又称"智慧板",是民间传统的智力玩具。逐渐演变为拼图板玩具,可用正方形薄板分截为 7 块,稍加剪裁即成。

玩法是将 7 块板拆开,孩子充分想象,用 7 块图形摆拼成各种图案。如各种姿势的人形、小鸟、大山、汽车、楼房等几何图形拼成的形象。可一个人玩,也可和小伙伴一起玩。七巧板能够锻炼孩子的想象力和判断能力,提升智力。

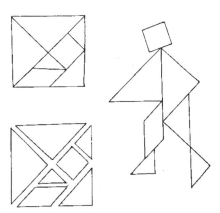

(110) 棋类游戏

棋类游戏有很多种,有简单、有复杂,小孩子初学棋类,要从简单易学的开始。棋类游戏可以根据孩子的认知水平制定游戏玩法。如简单的小井棋。下棋的两人各有两个棋子。开始走时不可将对方堵死。以后要动脑筋走,将对方堵死为胜。

孩子大一些后,也可以玩五子棋、跳棋、围棋、象棋等。棋类游戏要求集中注意力、仔细观察思考、遵守游戏规则,学会合作,在游戏的过程中培养做事认真、思维缜密的良好习惯。

(111) 迷宫盒

家长和孩子一起制作迷宫盒。盒内有迷宫路径,在盒盖上画上迷宫路线图,盒盖上有小球的入口和出口。玩时把小球从入口放入,小球可在盒内的

路径里滚动,直到从出口滚出。玩时用手不断倾斜小盒,便于小球在盒内的路径中顺利滚动。如果倾斜得不合理,小球就不会按照预定的路线滚动,也不会在短时间内获胜。

走迷宫游戏促使孩子细心观察,锻炼手、眼、脑协调性,培养孩子的耐心,促进空间推理能力和综合分析能力的发展。

(112) 自制百宝箱

所谓百宝箱,就是孩子把自己心爱的玩具收纳进一个大的纸盒箱里,可以随时伸手拿出一件来玩。

百宝箱可利用结实一些的纸盒来做(比如家电纸盒),百宝箱的上盖要粘严实,只留一个可开关的口。自制百宝箱有利于孩子养成游戏后收拾、整理玩具的好习惯,创造整洁的空间环境,建立收纳的意识,从小养成良好的收纳习惯。

参 考 文 献

陈冰,2007. 蔡笑晚:我的事业是父亲[J]. 青年文摘.

盖伊·格朗兰德,2014. 发展适宜性游戏:引导幼儿向更高水平发展[M]. 严冷,译. 北京:北京师范大学出版集团.

刘纯芳,2005. 小心轻放:与孩子谈话的100种方法[M]. 台北:人类智库出版集团公司.

马玲,2011. 孩子的早期阅读课[M]. 北京:文化艺术出版社.

尼古拉斯. 魏德,2001. 造化之极 大脑[M]. 张旭东,译. 长春:长春出版社.

鸟居昭美,2010. 培养孩子从画画开始[M]. 桂林:漓江出版社.

乔治.M. 卡帕卡,2012. 这样跟孩子定规矩 孩子最不会抵触[M]. 叶小芳,译. 南京:江苏教育出版社.

汤姆·杰克逊,2017. 大脑的奥秘:人类如何感知世界[M]. 张远超,译. 北京:电子工业出版社.

幸福新童年编写组,2012.3到6岁儿童学习与发展指南. 解读[M]. 北京:旅游教育出版社.

徐立,倪斯杰,丁洁,1997. 儿童语言训练新思维[M]. 北京:中国大地出版社.

佚名,2010 关于人脑的九大问题[J]. 新科学家周刊.

殷红博,1999. 儿童关键期与超常智力开发[M]. 北京:中国戏剧出版社.

久保田競,2009.2~3オがらの脳を育む本[M]. 东京:主妇友社.

Dr Harrp Alder,2003. 情商十步走[M]. 王海峰,译. 青岛:青岛出版社.

Janice J. Beaty,2011. 幼儿发展的观察与评价[M]. 郑福明,费广洪,译. 北京:高等教育出版社.